Laduma heißt Tooor!

Auf der Suche nach dem Weltpokal

Ein Jugendroman
von
Cathlin Kockel

1. Auflage 2010
Persimplex Verlag, Wismar
Autor: Cathlin Kockel
www.textfachfrau.de
Coverfoto: © iStockphoto.com/CarlFourie
Druck & Bindung: xPrint s. r. o.
ISBN 978-3-942157-20-9

Besuchen Sie uns im Internet:
www.persimplex.de
Email: kontakt@persimplex.de

Danke an Kay, für immer.
Danke an Ylva, schon immer.

Kapitel 1:

Aka

Aka wachte von einem unangenehmen Kribbeln auf der Haut auf und blieb ganz still liegen. Er wusste, wo dieses Kribbeln herkam. Jetzt bloß nicht bewegen. Er hielt die Luft an. Vorsichtig lugte er aus einem Auge heraus und sah im Halbdunkel eine Regenspinne majestätisch seinen Arm herunter spazieren. Auf seiner Hand blieb die Spinne sitzen und schaute sich um, als überlegte sie, was sie als Nächstes tun sollte. In der halbdunklen Hütte war ihr dicker brauner Körper nur als Schatten auf seiner schwarzen Hand zu sehen. Ihre staksigen Beine, länger als seine Finger, tasteten über seine Haut.

„Hau ab!", beschwörte Aka die Spinne leise, um seinen kleinen Bruder Delani nicht zu wecken, der neben ihm auf der durchgelegenen Schlafcouch leise schnarchte.

Die Spinne gehorchte tatsächlich, verließ seine Hand und nahm Kurs auf Delani. Schnell richtete Aka sich auf, um die Spinne mit einer Gummisandale vom Bett zu fegen. Empört machte sie einen kleinen Satz, als sie auf dem Lehmboden aufkam, blinzelte ihn kurz böse an und verschwand dann in null Komma nichts unter dem Bett.

Aka legte sich erleichtert zurück. Sein Herz hatte wohl lauter geklopft als der Regen, denn erst jetzt nahm er verwundert das leise Trommeln auf dem Wellblechdach der Hütte wahr. Regen im Winter war in Soweto sehr ungewöhnlich. Aber klar, Regenspinnen kamen ja auch nur bei Regen in die Hütten, denn sie mögen es nicht, nass zu werden. Und da Regenspinnen keine Regenschirme haben, suchen sie sich einen Unterschlupf, um nicht nass zu werden. Aka wusste natürlich, dass Regenspinnen nicht giftig und auch nicht bösartig sind, aber wenn man sie dabei störte, auf einem herumzuspazieren, konnten sie schon mal zubeißen, und ihre Bisse waren ganz schön unangenehm, ungefähr wie ein Wespenstich. Einmal hatte ihn eine Regenspinne in einen Zeh gebissen, und er hatte eine Woche lang kein Fußball spielen können. Seitdem hasste er Regenspinnen – eine Abneigung, die die Viecher leider nicht zu erwidern schienen.

Es war kalt in der Hütte, und er zog die kratzige Decke fester um sich. Toll, jetzt konnte er dank der blöden Spinne bestimmt nicht mehr einschlafen. Draußen dämmerte es langsam. Aka lauschte auf die allmorgendlichen Geräusche. Vor dem Fenster klappte die Tür des Chemieklos, das sich Akas Familie mit mehreren Nachbarn teilte, im Nebenraum hörte er seine Mutter mit den Töpfen hantieren. In der Ferne hupte der Vorstadtzug, der Soweto mit der Innenstadt von Johannesburg verband, und der um diese Uhrzeit bereits hoffnungslos überfüllt sein würde. Auch Akas Vater musste sich jeden Morgen und jeden Abend durch das Gedränge kämpfen, um zu der Baustelle zu kommen, auf der er endlich Arbeit gefunden hatte. Aka hörte seine Mutter mit seinem Vater schimpfen, dass er wieder einmal zu spät dran war, und dann die schweren schlurfenden Schritte seines Vaters. Sicherlich hatte er wieder einen schlimmen Kater, weil er gestern mit seinen Kumpels zu viel Hirsebier getrunken hatte. Denn das tat er fast jeden Abend.

Da er noch nicht aufstehen musste, flüchtete sich Aka in seinen Lieblingstraum, und ein seliges Lächeln legte sich auf sein Gesicht: Er war einer der 94.700 Zuschauer im Soccer City Stadion, die das WM-Eröffnungsspiel der südafrikanischen Mannschaft live sehen durften. Bei der ersten Weltmeisterschaft in Afrika. In *seinem* Stadion. Gerade als Siphiwe Tshabalala, Held seines Lieblingsclubs *Kaizer Chiefs* und Stammspieler in der Nationalelf, das 1:0 schoss, rüttelte ihn seine Mutter an der Schulter.
„Akani, aufstehen! Hörst du nicht? Du kommst zu spät zur Schule!"
Aka riss sich widerwillig von seinem Traum los und blickte noch immer lächelnd in das ärgerliche Gesicht seiner Mutter. Sie schüttelte nur den Kopf.
„Wo du nur immer die schönen Träume hernimmst, frage ich mich", brummte sie missmutig.
Aka seufzte, es würde auch nur ein Traum bleiben, da er sich nie im Leben eine Eintrittskarte für das Eröffnungsspiel leisten könnte. Es gab zwar recht günstige Tickets für die weniger betuchten Fans, aber auch elf Euro waren für Aka ein Vermögen, das er niemals aufbringen konnte. Am gemeinsten aber war, dass sein Vater, wie jeder am Bau eines Stadions beteiligte Arbeiter, zwei Eintrittskarten geschenkt bekommen hatte. Verschenkt wurden sie von der FIFA, dem internationalen Fußballverband, der sich darum bemühte, dass möglichst viele Einheimische in die Stadien gehen konnten. Aka hatte sein

Glück kaum fassen können, denn für ihn war klar gewesen, dass sein Vater ihm als seinem fußballverrücktesten Sohn eine Karte abgeben würde. Sein Vater wusste ganz genau, wie sehr Aka es sich wünschte, bei der WM live dabei zu sein. Aber er hatte sich in seinem Vater getäuscht. Der hatte nämlich die Eintrittskarten einem Freund gegeben, der in einem Hotel in der Stadt arbeitete, und die Tickets dort den reichen Touristen zu hohen Preisen verkaufen wollte. Sicherlich würden die Leute, die von weither nur für die WM angereist kamen, bereit sein, viel mehr Geld für Eintrittskarten zu zahlen, als sie eigentlich wert waren. Gemein war es trotzdem, denn Aka hätte alles gegeben, was er besaß, um ein Spiel der WM live sehen zu dürfen, und er nahm es seinem Vater sehr übel, diese einmalige Chance nicht nutzen zu können.

Er seufzte noch einmal, zog die schmuddelige Jeans und das ausgeblichene Shirt über und ging in die Küche, um sich das Gesicht zu waschen. Seine Geschwister saßen bereits an dem kleinen Tisch und aßen ihren Brei. Seine älteren Brüder Bheka und Khulekani kabbelten sich wie meistens morgens. Heute beschwerte sich Khulekani wieder einmal, dass Bheka ihm nachts die Decke geklaut hätte. Die beiden teilten sich eine Matratze und eine Decke, was nicht immer gut ging. Bei Aka und Delani, die zusammen auf einem alten Sofa schliefen, gab es dieses Problem nicht, da sie auf der durchgelegenen Schlafcouch eh immer zueinander hinrollten und deswegen ihre gemeinsame Decke für beide ausreichte. Aber das konnte auch ein Nachteil sein, denn es war einfach schrecklich peinlich, wenn man eigentlich böse auf den anderen war, aber trotzdem im Schlaf an ihn heranrollte, und man am besten morgens noch feststellte, dass man sich im Arm hielt.

Akas kleine Schwester Zanele war mit sechs Jahren das Nesthäkchen und schlief im Bett ihrer Eltern, das aus mehreren übereinander gelegten Pappen und einigen Decken bestand. Zanele war spindeldürr und häufig krank und die einzige der Geschwister, die ihre Mutter um den Finger wickeln konnte. Aka fragte sich häufig, wie sie das machte. Er konnte sich noch so viel Mühe geben und seinen herzzerreißendsten Hundeblick aufsetzen, er hatte damit bei seiner Mutter nie Erfolg.

Ab und zu konnte Akas Mutter in dem Restaurant, in dem sie arbeitete, eine halbe Bratwurst oder etwas Schinken in ihrer Schürze verschwinden lassen und gab es Zanele, damit sie mal etwas Nahrhafteres als den ewigen Maisbrei bekam. Allerdings war sie dabei einmal vom Küchenchef erwischt worden. Zur Strafe hatte er ihre Hände mit dem Kochlöffel bearbeitet, bis sie blutig waren. Sie hatte tagelang schreckliche Schmerzen gehabt, wenn sie im heißen Wasser Teller spülte.

Nun traute sie sich nur noch selten, etwas von den Essensresten mitzunehmen, auch wenn es ihr im Herzen wehtat, sie stattdessen in den Müll zu werfen. Aber ihr war klar, dass sie diesen Job in der Maponya-Mall nicht aufs Spiel setzen durfte. Als das neue Einkaufscenter in Soweto aufgemacht hatte, war sie überglücklich gewesen, in dem Restaurant Arbeit zu finden. Dieser Job war ein wahrer Glücksgriff, denn nun musste sie sich nicht mehr wie ihr Mann mitten in der Nacht auf den weiten Weg nach Johannesburg machen. Nur schade, dass ihr Chef so ein pingeliger Schnösel war. Also gab es, wie fast immer, auch heute früh lediglich den drögen Maisbrei. Vielleicht würde es am Wochenende wieder einmal *Chakalaka* mit Fleisch geben, dachte Aka sehnsuchtsvoll.

Schnell würgte er das Essen herunter und hastete seinen Brüdern nach, die bereits vor der Hütte auf ihn warteten. Jeder von ihnen war mit einem Eimer bewaffnet, und wie jeden zweiten Morgen machten sie sich auf den Weg zur Wasserstelle, da ihre Hütte noch immer kein fließend Wasser hatte. Von Strom ganz zu schweigen. Obwohl es aufgehört hatte zu regnen, war auf den Straßen nicht viel los. Wie Akas Vater fuhren viele Bewohner des Townships bereits um vier Uhr morgens mit dem Zug in die Stadt, wo sie als Hausmeister oder Tellerwäscher in Hotels arbeiteten oder bei wohlhabenderen Einwohnern putzten und den Garten pflegten. Seit Südafrika den Zuschlag für die Fußball-Weltmeisterschaft bekommen hatte, hatten viele Männer, so wie Akas Vater, Arbeit auf einer der unzähligen Baustellen Johannesburgs gefunden. Hier wurde viel gebaut. Stadien, Hotels und Einkaufszentren waren aus dem Boden geschossen wie Pilze. Mittlerweile sahen die Stadien von außen fertig aus, aber im Inneren gab es noch jede Menge Ausbesserungsarbeiten, und hier wurde auch jetzt, wenige Tage vor Beginn der WM, noch immer auf

Hochtouren gearbeitet. Aka beneidete seinen Vater, dass er jeden Tag im Stadion sein und den Umbau des Soccer City Stadions tagtäglich live verfolgen durfte.

Er trottete seinen Brüdern hinterher. Seit vor fast 20 Jahren in Südafrika die schwarzen und die weißen Einwohner offiziell zu gleichberechtigten Bürgern erklärt worden waren, eröffneten immer mehr Geschäfte und Werkstätten in Soweto. Auch jetzt wohnten hier noch immer eigentlich nur Schwarze, aber sie nutzten nun jede Möglichkeit, die sich ihnen bot, und verkauften alles, was man brauchte oder nicht brauchte. Es gab allerdings wenige Geschäfte im eigentlichen Sinne, ein Laden war einfach dort, wo ein Händler seine Waren anbot. Zwei Plastikstühle auf offener Straße: Fertig war das Friseurgeschäft, wo Haare und Bärte geschnitten oder Zöpfe geflochten wurden. Einen „Laden" weiter hing eine Ziege zum Ausbluten, wieder ein paar Meter weiter wurden Obst, Gemüse oder verbeulte Autoteile angeboten. Ein Mann verkaufte das, was er auf den Straßen gefunden hatte, sein Nachbar aus Getränkedosen gebastelte Jeeps. Wie jeden zweiten Morgen blieb Aka bei den Autos stehen und begrüßte den Dosenmann, der ihn schon mit einem zahnlosen Grinsen erwartete.
„Guten Morgen Mulalo!", rief Aka, „wie laufen die Geschäfte?"
„Bestens, Aka, ich habe schon so viele Autos verkauft, ich kann mich bald zur Ruhe setzen!", witzelte Mulalo zurück.
„Wenn ich heute Geld am Brunnen finde, kaufe ich dir dein letztes Auto ab", versprach Aka lachend und lief weiter seinen Brüdern hinterher.

An jeder freien Fläche in Soweto hingen bunte Plakate, die für Produkte warben, die Aka nur aus den Schaufenstern der Maponya-Mall kannte: bunte Handys, eisgekühlte Softdrinks, Dutzende Biersorten und lässige Sportbekleidung. Sehnsüchtig blieb er vor einem Plakat stehen, auf dem ein Sportler mit schneeweißen Turnschuhen zu sehen war, der einen absurd großen Schritt machte, so als würde er fliegen. Von seinem ersten eigenen Geld, das stand für Aka felsenfest, würde er sich kein Dosenauto, sondern solche Turnschuhe kaufen, und dann würde er der schnellste und beste Stürmer Südafrikas werden und in den großen Stadien dieser Welt spielen, allen voran natürlich im Soccer City Stadion, und wenn er dort sein erstes Tor …

„Aka, nun komm schon, in einer Stunde müssen wir in der Schule sein!“, riss ihn Bheka ungeduldig aus seinen Turnschuhträumen. Hastig stolperte Aka weiter, verlor seine ausgelatschte Gummisandale und trat prompt in eine Glasscherbe, die er auf einem Bein hüpfend entfernte. Mit Turnschuhen würde ihm das nicht mehr passieren, machte er sich selbst Mut, und rannte hinter Bheka her. Da die Hornhaut unter seinen Füßen sehr dick war, hatte er den kleinen Schnitt gleich wieder vergessen.

Am Straßenrand fand er eine zerbeulte Coladose und kickte sie vor sich her, bis er seine Brüder eingeholt hatte. Bheka kam auf ihn zugelaufen und wollte ihm die Dose wegnehmen. Aka aber war schneller und spielte sie Khulekani zu, rannte ein paar Meter voraus und nahm den Pass von Khulekani volley entgegen, ließ die Dose in der Kuhle zwischen Spann und Knöchel liegen, kickte sie einige Male in der Luft, um sie dann hoch an Bhekas Kopf vorbei zu Khulekani zurückzuspielen. Bheka war zwar groß und muskulös, aber Aka und Khulekani waren geschickter und flinker und konnten besser mit der Dose umgehen. So tricksten sie Bheka bis zur Wasserstelle aus, wo dieser schnippisch ein „Mit euch Kindern spiele ich eh nicht!“ von sich gab und Delani eingeschnappt die Arme verschränkte, weil er trotz rufen und schreien nicht von ihnen angespielt worden war. Während sie sich in die Schlange vor dem Wasserbrunnen einreihten, klatschten sich Aka und Khulekani hinter Bhekas Rücken ab und gaben auch Delani fünf, der die Dose an sich genommen hatte und nun um sie herumdribbelte.

Auf dem Rückweg hatte jeder von ihnen schwer zu tragen. Bheka als Ältester hatte den größten Kanister mit 15 Litern, Aka und Khulekani jeweils einen vollen Eimer, Delani als Kleinster einen halbvollen Eimer. Die ersten Meter kickten sie noch ein wenig mit Delani die Dose hin und her, aber bald gaben sie auf und ächzten unter ihrer Last. Aka musste alle paar Meter die Hand wechseln, mit der er den Eimer trug, weil sich der Griff schmerzhaft in seinen Handteller grub und die Muskeln in seinem Arm schlapp machten. Er versuchte, den Eimer möglichst ruhig zu tragen, denn wenn er zu viel verschüttete, würde seine Mutter sauer sein und ihn nach der Schule noch mal losschicken. Und das wollte er um jeden Preis vermeiden, denn heute hatte er wesentlich Besseres vor.

Als sie in ihre Straße einbogen, kamen ihnen fünf Jungs entgegen. Sie stellten sich nebeneinander wie die Orgelpfeifen auf, sodass sie die ganze Straße einnahmen, und wurden immer langsamer, bis sie schließlich mit verschränkten Armen anhielten und die Brüder herausfordernd anblickten. Aka kannte die Typen, so wie sie jeder in Soweto kannte, denn es waren Mitglieder der *Outsiders*, der berüchtigtsten Gang Sowetos.
„Oh nein“, murmelte Bheka, „nicht schon wieder diese Idioten! Jungs, ihr bleibt hinter mir, wir tun einfach so, als seien sie gar nicht da. Khulekani, du nimmst Delani zu dir! Egal was passiert, du lässt ihn nicht aus den Augen!“
Bheka ging schnellen Schrittes voran und setzte an, einen Bogen um die Fünf zu machen. Aka biss die Zähne zusammen, als sich durch das schnellere Tempo der Henkel des Eimers noch tiefer in seine Handfläche grub und ein Schwall Wasser aus dem Eimer in seine viel zu großen Sandalen schwappte, die nun von seinen Füßen zu rutschen drohten. Als sie mit der Gang auf einer Höhe waren, stellte sich ihnen der Anführer, ein kleiner, kräftiger Kerl mit verfilzten Haaren und einer dicken Narbe quer über die rechte Wange, in den Weg.

„Da ist ja wieder die Mabena-Entenfamilie, wie niedlich!“, sagte er verächtlich. „So ein Zufall, ihr habt gerade Wasser geholt. Und ich habe so einen Durst heute Morgen! Sicherlich gibst du mir gern einen Schluck aus deinem Kanister, Bruder Bheka.“ Für seine Statur hatte er eine merkwürdig hohe, piepsige Stimme, und Aka musste trotz der ernsten Situation ein Grinsen unterdrücken.
„Lass uns in Ruhe, Yera, du willst doch nicht schon wieder Ärger!“, sagte Bheka drohend und schaute auf den anderen herab, der bestimmt einen Kopf kleiner war.
„Du willst doch nicht schon wieder Ärger“, äffte ihn Yera nach und schaute sich Beifall heischend nach seinen Kumpels um. Die Vier lachten gehorsam und schlugen die Fäuste gegeneinander.
„Oh, jetzt habe ich aber Angst und laufe gleich nach Hause zu meiner Mami!“
Die Jungs lachten noch lauter.
Yera ging einen Schritt auf Bheka zu und sagte: „Los, gib mir das Wasser, ich habe Durst!“

Er griff nach dem Wasser, aber Bheka war schneller, schwang den Kanister nach hinten und ließ ihn mit voller Wucht wieder nach vorne sausen. Yera, der gerade einen weiteren Schritt auf Bheka zu gemacht hatte, konnte nicht mehr ausweichen und bekam den Kanister mit voller Wucht in den Magen. Sofort waren die anderen vier Jungs an seiner Seite und nahmen Bheka in den Schwitzkasten.

Yera rappelte sich stöhnend auf und rammte seine Faust dreimal kurz hintereinander in Bhekas Magen, der sich vor Schmerz krümmte. Zum Abschluss verpasste Yera ihm noch einen Kinnhaken, woraufhin Bhekas Lippe aufsprang und ihm Blut über das Kinn lief. Die vier Jungs grölten.
Aka stellte seinen Eimer ab und stürmte mit erhobenen Fäusten auf Yera zu.
„Aka, nicht! Geh mit Khulekani und Delani nach Hause, sofort. Und nehmt eure Eimer mit!“ japste Bheka, als die Jungs ihn fester in den Schwitzkasten nahmen.

Aka zögerte. Er mochte es nicht, wenn Bheka den Helden spielte, aber er wusste, dass sie keine Chance gegen die fünf kampferfahrenen und viel stärkeren Jungs hatten. Noch ehe er eine Entscheidung treffen konnte, trat Adam, ein Hüne mit Händen wie Bratpfannen und einer Unterlippe, die ihm fast auf das Kinn schwabbelte, auf ihn zu und schubste ihn so hart, dass er das Gleichgewicht verlor und hintenüber fiel. Adam stand mit breiten Beinen über ihm und blickte drohend auf ihn herab. Von seinem Hals baumelte eine Kette vor Akas Augen vor und zurück. Benommen verfolgte Aka die Pendelbewegung und sah verschwommen zwei Fäuste auf ihn zu kommen und wieder wegschwingen. Er schüttelte den Kopf, um wieder klar zu werden. Yera und die anderen drei amüsierten sich königlich. Sie lachten noch lauter, als Adam mit einem gezielten Tritt Akas Eimer umstieß. Das Wasser, das er so weit geschleppt hatte, ergoss sich über ausgedörrte Grasbüschel, denen die paar Tropfen Regen der Nacht nicht zu mehr Grün verholfen hatten.
„Besser das Gras freut sich über das Wasser als diese Blödmänner“, dachte Aka grimmig und stand langsam auf.

Inzwischen hatte Khulekani den kleinen Delani an die Hand genommen und sich unbemerkt um die Jungs herumgeschlichen. Nun rann-

ten sie unter dem Gelächter von Yera, Adam und ihren Kumpels so schnell sie konnten nach Hause.
„Lauft nur heim zu Mami!“, kreischte Yera ihnen nach und trat auch Khulekanis und Delanis Eimer um. Seine Freunde johlten, während sie Bheka noch immer im Schwitzkasten hatten. Dieser zappelte in ihrem eisernen Griff, als Yera den Wasserkanister nahm, ihn mit beiden Händen umfasste und sich genüsslich an den Mund setzte. Er nahm einen tiefen Schluck und reichte ihn Adam. Der hielt ihn mit seinen riesigen Pranken umschlossen und bediente sich ebenfalls ausgiebig. Dann sammelte Yera alle Spucke, die er im Mund hatte, und ließ sie langsam in den Kanister tropfen.
„Kommt, jeder darf einmal!“, lachte er und hielt einem nach dem anderen den Kanister unter den Mund. Jeder von ihnen sammelte so viel Spucke wie möglich und ließ sie in den Kanister tropfen.
Anschließend stellte Yera den Kanister vor Bheka ab. Er spuckte ihm ins Gesicht und sagte: „Lass es dir schmecken, Bruder Bheka!“
Dann drehte er sich um und ging die Straße hinunter, ohne sich noch einmal umzusehen. Als er ausreichend Sicherheitsabstand hatte, gaben seine Kumpels Bheka frei und folgten laut grölend ihrem Anführer.
Bheka war rot vor Zorn. Wild fuhr er sich mit seinem Ärmel über das nasse Gesicht und trat wütend gegen den Kanister, sodass das Wasser glucksend heraussickerte.
„Eher verdurste ich, als dass ich den Sabber von diesen hirnlosen Affen trinke!“, schnaubte er.
Niedergeschlagen sammelte Aka die Eimer ein und verzog das Gesicht. Beim Fallen hatte er sich mit einer Hand abfangen wollen und sich dabei das Handgelenk verstaucht. Nun würde er doch nach der Schule noch mal Wasser holen müssen und zu spät zum Fußballtraining kommen!
Als sie bei ihrer Hütte ankamen, stürmte ihnen ihre Mutter schon entgegen.
„Dass ihr es auch nicht einmal schafft, ohne Ärger nach Hause zu kommen! Wo bekomme ich denn jetzt Wasser für Zaneles Tee her?“
Zornig riss sie Aka die Eimer aus der Hand und ging an ihm vorbei, um bei der Nachbarin Kianga nach Wasser zu fragen.

„Ihr geht sofort nach der Schule noch mal los und holt Wasser, damit das klar ist!"

„Aber Ma, es war doch nicht unsere Schuld! Yera und seine Schlägerfreunde …", setzte Aka an, aber da war seine Mutter schon um die Ecke gestürmt und verschwunden.

Kapitel 2:

Jo

Jo zählte die Züge. Zehn, elf … Schon jetzt drohten seine Lungen zu zerplatzen, der Wunsch nach Luft erfüllte sein Bewusstsein und wurde übermächtig. Dreizehn, vierzehn … Ihm wurde ganz schummerig im Kopf. Dumpf hörte er Bellen durch das Wasser hindurch und sah einen Schatten, der ihm am Beckenrand folgte. Neunzehn, zwanzig! Prustend tauchte er aus dem Wasser auf, hielt sich keuchend am Beckenrand fest und sog gierig Luft in seine Lungen. Über ihm stand Lucky, ein Golden Retriever mit goldbraunen Augen, und bellte ihn freudig an. Jo war eine ganze Bahn, zwanzig Schwimmzüge, lang getaucht, und fast war ihm dabei schwarz vor Augen geworden. Noch immer außer Atem zog er sich aus dem Wasser und wickelte sich ein flauschiges Handtuch um den zitternden Körper. Er sah durch die Terrassentür auf die Standuhr im Wohnzimmer, erst halb drei, die Zeit wollte einfach nicht vergehen. Konnte es eigentlich sein, dass in Südafrika die Zeit langsamer verging als in Deutschland?

Unauffällig huschte Bongani, der Gärtner, an ihm vorbei und lächelte ihn schüchtern an. Bongani kam jeden Tag zu den Wolffs, denn in dem großen Garten gab es viel Arbeit. Abends machte er noch den Pool sauber und deckte ihn ab, damit über Nacht kein Dreck ins Wasser fiel. Heute jedoch würde er offen bleiben, denn Jos Eltern erwarteten Besuch, und da saßen sie gern in dem großen Wintergarten mit Blick auf den Pool, dessen Unterwasserbeleuchtung im Dunkeln für eine schöne Atmosphäre sorgte. Ein Studienfreund seiner Eltern kam zu Besuch. Sicherlich würde es grauenvoll langweilig werden, wenn sich die Erwachsenen über die Zeit an der Uni unterhielten und über Leute sprachen, die er nicht kannte und nie kennenlernen würde. „Du wirst Jimmy lieben", hatte seine Mutter ihm zwar augenzwinkernd versprochen, aber er wusste beim besten Willen nicht, warum er einen wildfremden Mann lieben sollte.

Jo ging ins Haus. Er fror und dachte wehmütig an den Berliner Sommer. Zwar waren es in Johannesburg tagsüber auch noch fast 20 Grad, aber jetzt, Ende Mai, begann hier der Winter, und der war natürlich nicht so schön wie der Sommer in Berlin.

Naja, bis auf die Tatsache, dass hier eigentlich immer die Sonne schien und es fast nie regnete. Trotzdem ging er lieber ins Haus, denn es war ihm unangenehm, dass jemand um ihn herum schuftete, während er sich am Pool vergnügte. Irgendwie kam er sich schlecht dabei vor und hätte Bongani am liebsten seine Hilfe angeboten. Aber das würde der natürlich nie akzeptieren. Außerdem konnte Jo sich gar nicht mit ihm verständigen, da Bongani nur Zulu sprach. Zulu war eine der elf offiziellen Sprachen Südafrikas, das hatte Jo schon über seine neue Heimat gelernt. Elf verschiedene Sprachen in einem einzigen Land, das war ganz schön abgefahren. Als sich Bongani gestern mit seiner Schwester unterhalten hatte, die bei den Wolffs als Haushaltshilfe arbeitete, hatte Jo fasziniert die Ohren gespitzt. Nicht einmal mit größter Fantasie hatte er auch nur ein einziges Wort verstehen oder sich irgendwie zusammenreimen können. Zulu schien nicht nur die Sprache eines anderen Landes, sondern die eines anderen Planeten zu sein.

Gelangweilt schaltete Jo den Fernseher ein, aber wie immer lief nichts, das ihn interessierte. Mit einem deutschen Vater und einer britischen Mutter war Jo zweisprachig aufgewachsen und sprach fließend englisch. Deswegen verstand er so gut wie alles, was im südafrikanischen Fernsehen gesagt wurde. Das Problem war eher, dass er die Sendungen total dämlich und albern fand. Und er vermisste seine Lieblingssendungen, wie zum Beispiel die Simpsons, die er in Berlin gern nach der Schule geguckt hatte. Er schaltete den Fernseher wieder ab und starrte an die Decke. Ihm war schrecklich langweilig. Vielleicht sollte er noch mal *FIFA 2010* ausprobieren, das neue Computerspiel, das ihm seine Fußballmannschaft in Berlin zum Abschied geschenkt hatte?

Zu blöd, dass er das Haus nicht allein verlassen durfte, er hätte gern die Umgebung etwas besser kennengelernt und richtig Fußball gespielt. Vielleicht gab es ja in der Nähe einen Bolzplatz? Aber seine Eltern hatten ihm verboten, ohne sie aus dem Haus zu gehen, bis sie sich alle etwas eingewöhnt haben würden und sicher sein konnten, dass ihm allein nichts passieren würde.

Seine Eltern hatten ihm erklärt, dass es in Johannesburg gefährliche und weniger gefährliche Ecken gab. Natürlich waren sie in ein gutes

Viertel gezogen, aber trotzdem fühlte man sich in ihrem Haus wie in einem Hochsicherheitstrakt, von einem hohen Zaun umgeben und mit einer immer scharfgestellten Alarmanlage ausgestattet. Die Sirene war gleich in der ersten Nacht losgegangen und hatte der ganzen Familie einen gehörigen Schrecken eingejagt. Der private Sicherheitsdienst war innerhalb weniger Minuten da gewesen, hatte aber niemanden finden können und sie damit beruhigt, dass es sicherlich nur eine Katze gewesen sei, die über den Zaun geklettert war. Trotzdem hatte Jo den Rest der Nacht in seinem Zimmer das Licht brennen lassen, angestrengt in die dunkle Stille vor seinem Fenster gehorcht und kein Auge mehr zugetan. Er hasste dieses schreckliche Südafrika. Er hasste Johannesburg.

„Jo, ist das nicht lustig, dann wohnst du in einer Stadt, die nach dir benannt ist!“, hatte seine Mutter in Anspielung auf seinen richtigen Namen, Johannes, gelacht, als sie über die neue Heimat gesprochen hatten.

Ja, sehr lustig. Er fand Johannesburg einfach ätzend. Seit fast zwei Wochen waren sie nun hier, und es wurde kein bisschen besser, sondern, ganz im Gegenteil, immer schrecklicher. In der Schule war er nur „the German“, und alle hatten ihn angestarrt, als wäre er ein Löwe aus dem Kruger Nationalpark. Irgendwie ehrfurchtsvoll, aber lieber aus der Distanz. Vom Unterricht hatte er auch noch nicht viel mitbekommen, weil er gar nicht verstanden hatte, worum es ging. Hier wurden ganz andere Dinge durchgenommen als zu Hause. In den Pausen stand er immer alleine herum, weil seine Mitschüler nur in Grüppchen auftraten und sich gegenseitig anpöbelten. Meist ging es Schwarze gegen Weiße.

„Die Rassentrennung gibt es in Südafrika schon seit Anfang der 1990er Jahre nicht mehr!“, hatte sein Vater ihn belehrt, als Jo nach einem weiteren Argument gegen einen Umzug nach Südafrika gesucht hatte. Im Gemeinschaftskundeunterricht hatten sie das Thema Apartheid durchgenommen und wie die schwarzen Bewohner Südafrikas von den weißen unterdrückt wurden und in schrecklichen Wohnghettos zusammengepfercht worden waren. Sie hatten über den schwarzen Freiheitskämpfer Nelson Mandela gesprochen, der zu Unrecht 27 Jahre im Gefängnis gewesen und dort schrecklich gefoltert worden war. Aber das war natürlich lange vorbei. Andererseits: War das in seiner Schule keine Rassentrennung? Und wer machte bei ihnen zu Hause den Garten? Ein Schwarzer. Wer half im Haushalt? Eine Schwarze. Und in dem Restaurant um die Ecke, wo sie am Tag ihrer Ankunft etwas gegessen hatten, war die Drecksarbeit natürlich auch nur von Schwarzen gemacht worden, während die Besucher allesamt weiß gewesen waren. Wenn das keine Rassentrennung war.

Aber die Diskussion mit seinen Eltern hatte zu nichts geführt. Sie hatten gesagt, er könne ja mithelfen, dass die Rassen sich näher kämen. Sehr witzig, wenn man niemanden kennenlernte oder sich mit den Schwarzen gar nicht verständigen konnte. Aber eine Zusage hatte er in dieser Diskussion von seinen Eltern erhalten, und an diese klammerte er sich nun mit aller Macht: Das Versprechen, wenn es ihm nach einem halben Jahr noch immer gar nicht gefallen würde, würden sie wieder zurück nach Berlin gehen. Noch 26 Wochen und zwei Tage.

Jo seufzte, als er an den Tag zurückdachte, an dem seine Eltern ihm und seiner kleinen Schwester Sahra von ihrem Vorhaben, nach Südafrika auszuwandern, erzählt hatten. Seinem Vater war angeboten worden, als Professor an der University of Johannesburg zu arbeiten. Die Chance seines Lebens, schwärmten seine Eltern, als Jo erst einmal stumm vor Schreck gewesen war. Seine Schwester Sahra hatte gleich angefangen zu heulen und aufzuzählen, weshalb sie keineswegs aus Berlin weggehen konnten. Da war zum einen ihre beste Freundin Merle, von der sie sich höchstens zum Essen und zum Schlafen trennte, und auch das nicht immer. Dann war da Blacky, ihr Pflegepferd in Köpenick, das sie gemeinsam mit Merle betreute, und schließlich war da der süße Nachbarsjunge Julian, mit dem sie sich gerade anfreundete. Unter Tränen hatte Sahra ohne Punkt und Komma geredet, geweint, getobt und geschrien, während Jo wie versteinert dagesessen und kein Wort hervorgebracht hatte. Als Sahra etwas ruhiger geworden war, hatte sein Vater ihn angesprochen.

„Jo, und was hältst du von der Idee? Südafrika ist ein wunderschönes Land, es wird euch gefallen, da wird es zum Beispiel nie richtig kalt. Und Johannesburg ist eine tolle und aufregende Stadt, in der es viel zu entdecken gibt. Wir werden nicht mehr in einer Wohnung wie hier

in Berlin wohnen, sondern ein Haus mit großem Garten und einem Pool haben. Und einen Hund kaufen wir uns auch, den dürft ihr euch aussuchen!“
Da hatte Sahra ihr Geheule erstmals unterbrochen und ihren Vater mit rotgeweinten Augen aufgeregt angeguckt. „Ein Pool? Ein echter Pool, nur für uns? Ein Hund? Was denn für einen? Darf ich den aussuchen? Ich habe schon einen Namen: Lucky! Lucky muss er heißen! Und darf er mit bei mir im Bett schlafen? Wow, ein Hund! Das muss ich gleich Merle erzählen!“
Dann war sie rausgelaufen und mit dem Telefon in ihrem Zimmer verschwunden, um ihrer besten Freundin zwischen Lachen und Weinen von ihrer neuen Zukunft in einem Schloss in einem fernen Land mit einem Hund namens Lucky zu erzählen.
„Was ist, hast du denn gar nichts zu unseren Plänen zu sagen?“, hakte seine Mutter noch mal bei Jo nach, als Sahra verschwunden war.
„Ich weiß nicht, das kommt ganz schön plötzlich. Ich weiß ja nicht einmal, wo Johannesburg liegt. Leben in Südafrika nicht nur Schwarze? Und was ist mit meiner Fußballmannschaft? Wir sind Tabellenführer, und die Mannschaft braucht mich doch, um die Stadtmeisterschaften zu gewinnen. Wer soll denn sonst im Tor stehen? Und wie läuft das in der Schule? Da kenne ich doch niemanden“, sagte er niedergeschlagen und nur mit Mühe die Tränen zurückhaltend.

Den Gedanken an Jenny aus der Nachbarklasse verschwieg er seinen Eltern lieber. Gerade gestern hatte er sich endlich aufgerafft und sie angesprochen. Und sie hatte sich mit ihm unterhalten! Stattdessen sagte er: „Was ist mit meinen Freunden?“
Nun kullerte ihm doch eine dicke Träne die Wange herunter, die er ärgerlich wegwischte. Er wollte nicht einen auf Heulsuse machen wie Sahra.

Sein Vater war aufgestanden und hatte einen Globus geholt, und gemeinsam hatten sie geguckt, wo genau Johannesburg lag. Sie hatten ausgemessen, wie weit es von Berlin nach Johannesburg war. Fast 9.000 Kilometer. Das war auf dem Globus mehr, als Jo mit einer Handspanne reichen konnte.

Anschließend hatten sie sich im Reiseführer Bilder von Südafrika angeguckt, wunderschöne und furchteinflößende Bilder von einem fernen und fremden Land, mit vielen schwarzen, dunklen und auch weißen Gesichtern. Lachende Gesichter. Ängstliche Gesichter. Bilder von Löwen, Giraffen und Elefanten aus dem Kruger Nationalpark, der ganz in der Nähe von Johannesburg lag und unvorstellbare 20.000 Quadratkilometer groß war. Das war das Erste, was Jo wirklich spannend fand: Ein Zoo, mehr als 20 Mal so groß wie ganz Berlin, der war sicherlich ganz schön cool. Und manche Bilder in dem Reiseführer hätten auch aus Berlin sein können, das war ganz beruhigend. Außerdem gab es viele Bilder von fußballspielenden Jungen, was Südafrika in seinen Augen deutlich sympathischer gemacht hatte.
Nur jetzt, in seiner Festung in Johannesburg, fragte er sich: Wo waren die alle?

Das Geplapper seiner Schwester, die mit seiner Mutter hereinkam, unterbrach seine trüben Gedanken.
„... und ein anderes Mädchen in meiner Klasse heißt Hanaa, die ist richtig dunkelschwarz und hat irre weiße Zähne. Ihr Name ist Swahili und bedeutet ‚Freude', ist das nicht süß, Mom? Sie hat mir erklärt, dass Zahra, also mit Z geschrieben, aber genauso ausgesprochen wie mein Name, auf Swahili ‚schöne Blume' heißt, wusstest du das? Das finde ich echt total cool! Und meine Klassenlehrerin, Mrs. Manganyi, ist auch voll cool und erklärt mir alles, was ich nicht verstehe ..."

Sie unterbrach ihren Redeschwall kurz, als Jo in die Küche kam, und stürzte sich mit fliegenden Zöpfen auf ihn, um ihn mit einer neuerlichen Redeattacke zu bedenken. Jo freute sich für seine Schwester und war gleichzeitig neidisch, dass ihr die Umstellung auf die neue Schule und die neue Stadt so leicht fiel.
„Jo, meine Freundin Hanaa hat zu Hause ein Pferd, und sie hat gesagt, ich kann mal mitkommen und bei ihr reiten. Mom hat gesagt, das ist o.k., wenn sie Hanaas Eltern kennenlernt. Boah, ich finde das so cool, ich werde reiten und wieder ein Pferd haben, das ich besuchen kann!"
Sie tanzte um ihre Mutter herum, die Jo zur Begrüßung einen Kuss gab.

„Und, wie war es bei dir in der Schule, mein Schatz?“, fragte sie ihn.
„War ganz o.k.“, sagte Jo und versuchte, fröhlich dabei zu klingen und hoffte, seine Mutter bemerkte das Zittern in seiner Stimme nicht. Er wollte nicht, dass sie sich Sorgen um ihn machte, wenn er ihr erzählte, wie schrecklich er es fand.
Seine Mutter schaute ihn kurz prüfend an, als hätte sie seine Gedanken erraten, und strich ihm über die Wange. „Die erste Zeit an einer neuen Schule ist immer schwer. Aber du musst etwas Geduld haben, du findest sicherlich bald Freunde.“
Er wich ihrem Blick aus. „Freunde unter diesen Armleuchtern?“, dachte er bei sich. Er spürte, wie ihm trotzige Tränen kamen und kam schnell auf etwas anderes zu sprechen.
„Was gibt es denn heute zu essen, wenn der hohe Besuch kommt?“, fragte er und versteckte sein Gesicht in einer Einkaufstüte.
„Oh, ich dachte, ich koche heute etwas typisch Deutsches. Jimmy hat ja auch in Deutschland studiert, und ihr freut euch sicherlich auch über ein Stück Heimat auf dem Teller. Es gibt Bouletten mit Tomatensoße, Brokkoli und Reis und dazu einen bunten Salat. Zum Nachtisch habe ich noch eine Überraschung.“
Jo stieß einen Freudenschrei aus, sein Lieblingsessen! Begeistert half er seiner Mutter beim Auspacken der Einkäufe und vergaß für eine Weile seinen Kummer und seinen Hass auf Johannesburg.

Nach dem Essen zogen sie aufs Sofa im Wintergarten um. Jos Vater hatte ein Feuer im Kamin gemacht, und nun kuschelten sie sich in die Sitzecke. Sahra war in ihr Zimmer gegangen, um ihrer Freundin Merle alle Details ihres heutigen Tages im Chat mitzuteilen, in dem sie sich jeden Abend um 19 Uhr trafen. Das hatten sie sich geschworen, als Sahra weggezogen war, und bis heute hatten sie sich auch jeden Abend daran gehalten. Mal sehen, wie lange das noch anhielt. Glücklicherweise war es in Südafrika nur eine Stunde später als in Deutschland, sodass sie sich gut verabreden konnten.

Jo war froh, dass die kleine Labertasche weg war und er sich nun mit Jimmy unterhalten konnte. Er war Sportlehrer an einer Schule in Johannesburg und schien ein echt cooler Typ zu sein.

Und seine Mutter hatte angekündigt, dass Jimmy spannende Neuigkeiten für ihn haben würde, und die würde er jetzt sicherlich erfah-

ren. Erwartungsvoll guckte er zu seiner Mutter, die Jimmy lächelnd zunickte. Er schaute in Jimmys lustiges Gesicht mit der ledernen Haut und der dicken Knollnase, das ihm schon jetzt ganz vertraut zu sein schien.
„Johannes, ich habe gehört, dass du in Berlin ein stadtbekannter Torwart warst und es mit dein Verdienst war, dass deine Mannschaft auf den ersten Tabellenplatz gelandet ist", begann Jimmy und sah Jo mit blitzenden Augen an.
Jos Mund wurde vor Aufregung ganz trocken, und er spürte, wie ihm die Hitze ins Gesicht stieg. Er nickte und hatte plötzlich einen Kloß im Hals, als er an seine Mannschaftskameraden in Berlin dachte, die gerade beim Training waren. Ohne ihn.
„Naja, wir hatten auch ein paar tolle Stürmer, die für die Tore gesorgt haben", sagte er bescheiden.
Jimmy strahlte ihn an. „Ich weiß nicht, ob deine Eltern dir erzählt haben, dass ich hier in Johannesburg eine Fußballmannschaft trainiere, in der uns noch ein guter Torwart fehlt", sagte er geradeheraus. „Es ist eine ganz tolle Mannschaft, die ich dir gern einmal vorstellen würde. Wir haben letztes Jahr bei den Stadtmeisterschaften den zweiten Platz gemacht, und dieses Jahr wollen wir unbedingt den ersten Platz holen, wofür wir wirklich hart trainieren. Leider hat uns nach der letzten Saison unser Torwart verlassen, und der momentane Torwart ist ehrlich gesagt nicht für das Tor geschaffen. Wenn du willst, nehme ich dich einmal mit und zeige dir, wie man in Johannesburg Fußball spielt."
Jo strahlte zurück und sprang begeistert auf. „Und ob ich das will! Ja, klar, natürlich will ich!", jauchzte er und tanzte durchs Wohnzimmer. Er würde wieder Fußball spielen! Er würde neue Freunde finden! Schluss mit der Langeweile! Er würde wieder seinem Sport nachgehen dürfen! Glücklich fiel er seinen Eltern um den Hals und schließlich auch Jimmy. Dann setzte er sich wieder hin und rutschte ungeduldig hin und her, am liebsten wäre er sofort zum Training gefahren.
„Und wo trainiert deine Mannschaft?", fragte er, „wie heißt sie denn überhaupt?"
„Es ist die Jugendmannschaft von den Kaizer Chiefs, und wir trainieren in Soweto", sagte Jimmy und beobachtete ihn aufmerksam. Jo runzelte die Stirn. Soweto? Das war kein Stadtteil von Johannesburg,

den er kannte. Aber natürlich kannte er bislang auch nur Auckland Park, denn da wohnten sie, und die zwei Nachbarbezirke, durch die der Bus zur Schule fuhr.
„Und wo liegt dieses Soweto?“, fragte er unbekümmert, ohne die Anspannung zu bemerken, die plötzlich von seinen Eltern ausging.
„Ach, das ist nicht weit von hier“, sagte Jimmy betont lässig. „Soweto ist die Abkürzung für *So*uth *We*stern *To*wnship, mit dem Auto sind wir in 20 Minuten dort. Ich hole dich zum Training ab und bringe dich anschließend wieder nach Hause. Wir trainieren nachmittags um 16 Uhr.“
Irgendetwas klingelte in Jos Ohren. Den Begriff Township hatte er im Gemeinschaftskundeunterricht mal gehört, hatte der nicht irgendwas mit Apartheid zu tun? Waren das nicht die Ghettos, in die die Schwarzen von den Weißen vertrieben worden waren? Aber was soll's, die Apartheit war schließlich lange vorbei. Und er würde wieder Fußball spielen, das war schließlich das Wichtigste! Freudestrahlend blickte er von einem zum anderen und übersah dabei ganz die Sorgenfalte, die sich auf der Stirn seiner Mutter gebildet hatte.

Am nächsten Tag holte Jimmy ihn um halb vier zu Hause ab. Seit er aus der Schule nach Hause gekommen war, hatte Jo mit dem Ball gegen die Wand gekickt und Hechtübungen in der Garageneinfahrt gemacht. Seit drei Uhr hatte er im kompletten Fußballdress an der Einfahrt gewartet, hätte ja sein können, dass Jimmy etwas früher kommen würde. Jimmy lachte, als er ihn sah, und winkte ihn in den Wagen.
„Na, Sportsfreund, bist du fit für deinen ersten großen Tag bei den Kaizer Chiefs?“, fragte er augenzwinkernd und klopfte ihm auf die Schulter.
„Und ob“, sagte Jo aufgeregt, „ich habe schon den ganzen Tag mit dem Ball geübt!“
„Sehr gut!“, lobte Jimmy. „Aber lass mich dir einen Tipp geben: Es ist besser, wenn du statt deines Trikots ein normales T-Shirt anziehst. Die Jungs in deiner neuen Mannschaft haben allesamt keine Trikots, da könnte das schräg ankommen.“
Keine Trikots? Jo fragte sich verwundert, was das denn für eine Mannschaft sein sollte, die keine Trikots besaß, hielt aber lieber den Mund. „Ich sollte dir vielleicht noch ein paar Dinge über die Kaizer

Chiefs und meine Geschichte dort erzählen, bevor wir bei der Mannschaft ankommen", sagte Jimmy und begann mit der wundersamen Geschichte, wie aus einem stinknormalen Amateurtorwart aus London der Weiße Held von Soweto wurde.
Es war vor zweiundzwanzig Jahren, im Jahr 1988, als Jimmy zum ersten Mal nach Johannesburg kam. Er war 18 Jahre jung und wollte vor dem Studium ein neues Land kennenlernen. Die Apartheid ging zwar ihrem Ende entgegen, aber es hatte noch keine freien Wahlen gegeben. Noch immer wurde zwischen vier sogenannten Rassen – „Schwarze", „Farbige", „Weiße" und „Asiaten" – unterschieden. Und obwohl sie deutlich mehr als drei Viertel der Bevölkerung stellten, wurden den Schwarzen die wenigsten Rechte zuerkannt. Farbige waren etwas besser gestellt, weil sie aus der Vermischung von Schwarz und Weiß entstanden waren, Asiaten erging es noch etwas besser. Und die Weißen hatten natürlich sämtliche Rechte und durften alles. Jimmy schüttelte den Kopf bei den Erinnerungen an diese schlimmen Zeiten, die so tiefe Narben in seinem geliebten Südafrika hinterlassen hatten.

Schwarz und Weiß standen sich also noch immer feindselig gegenüber, als Jimmy nach Südafrika kam. Vor allem in den von Schwarzen bewohnten Townships wurden Weiße nicht gern gesehen und durften diese offiziell auch gar nicht betreten. Dennoch nahm ihn ein schwarzer Freund mit nach Soweto und stellte ihn bei den Kaizer Chiefs, dem populärsten Fußballclub Südafrikas, vor. Der damalige Trainer war sofort von ihm begeistert, und von da an war Jimmy ihr Ersatztorwart und der einzige weiße Spieler des Township-Clubs. Als sich der erste Torwart ein halbes Jahr später schwer verletzte, nahm Jimmy seinen Platz ein und verließ ihn die nächsten fünf Jahre nicht wieder. Die Polizei sperrte ihn regelmäßig ins Gefängnis, weil er sich verbotenerweise in Soweto aufhielt, meist aber nur für einen Tag – und am nächsten Tag ging er wieder nach Soweto. Bei seinen Mannschaftskollegen war er schnell wegen seines Teamgeistes beliebt, und die Fans vergötterten ihn gleichermaßen für seinen Widerstand gegen die Polizeigewalt wie für seine Glanzparaden, mit denen er den Kaizer Chiefs viele Titel sicherte. Fünf Jahre lang war Jimmy bei den Kaizer Chiefs der „Weiße Held von Soweto". Das Township wurde zu seiner zweiten Heimat. Mit den Kaizer Chiefs erreichte er alles, was man als Fußballer erreichen kann, wurde mehrfach Südafrikanischer Meister und gewann viele weitere Pokale. 1992, als die Chiefs mit seiner Hilfe eine überaus erfolgreiche Saison gespielt hatten, wurde er sogar zum Ehrenbürger von Soweto ernannt. Bei den Kaizer Chiefs fühlte er sich einfach unschlagbar.

Bis eines Tages das große Unglück geschah. Bei einem Spiel gegen die Orlando Pirates, die zweite Mannschaft aus Soweto und seit jeher größter Konkurrent der Kaizer Chiefs, wurde er so übel gefoult, dass er sich schwer verletzte und seine Profikarriere beenden musste. Ganz Soweto war in Aufruhr, es fanden Demonstrationen für ihn statt, dabei kam es zu schweren Auseinandersetzungen zwischen den Fans der Kaizer Chiefs und denen der Orlando Pirates. Jimmy selbst bekam Morddrohungen von Orlando-Fans, und der gegnerische Spieler wiederum, der ihn so böse gefoult hatte, wurde nachts von Fans der Kaizer Chiefs brutal zusammengeschlagen. Die Situation drohte zu eskalieren, Jimmy konnte schließlich sein Haus nicht mehr verlassen. Auf Anraten der Polizei und vieler seiner Freunde verließ er Südafrika, um das Schlimmste zu verhindern. Erst zehn Jahre später, als ausreichend Gras über die Sache gewachsen war, kehrte er nach Johannesburg zurück. Die Kaizer Chiefs empfingen ihn mit offenen Armen und engagierten ihn als Jugendtrainer, wo er seitdem ehrenamtlich tätig war.

Jo hatte Jimmys Geschichte mit offenen Augen und Ohren gelauscht. Wahnsinn, jetzt kannte er einen echten Fußballstar! Bewundernd blickte er zu Jimmy auf. Erstaunlich, wie wenig prahlerisch es klang, wenn Jimmy von seiner glorreichen Vergangenheit erzählte. So, als sei es etwas ganz Normales, ein ehemaliger Profifußballer zu sein. Jo nahm sich fest vor, sich beim Training besonders anzustrengen, um Jimmy zu beeindrucken. Plötzlich fühlte er sich selbst ganz wichtig, weil er neben Jimmy im Auto sitzen durfte.
Jimmy jedoch hatte andere Dinge als sein Stardasein im Kopf und holte Jo auf den Boden der Tatsachen zurück.
„Viele Menschen in Soweto sind noch immer sehr arm“, erklärte er Jo. „Eine derart schlimme Armut gibt es in Deutschland gar nicht. Natürlich leben auch in Deutschland Obdachlose und wirklich arme Menschen, aber niemand muss an Hunger sterben oder unter der

Brücke schlafen, denn in Deutschland gibt es soziale Einrichtungen wie Obdachlosenheime oder Suppenküchen.
Hier in Soweto aber haben viele Menschen so gut wie gar nichts. Und es gibt keinen Staat, der sich um sie kümmert. Viele Jugendliche werden aus Verzweiflung zu Dieben oder schließen sich einer der vielen Gangs in Soweto an, die die Nachbarschaft terrorisieren", erzählte Jimmy und seufzte tief.

„Mit dem Fußball versuche ich, diese Jugendlichen von der Straße zu holen. Das schaffe ich nicht immer, ich habe schon viele Spieler an die Gangs verloren. Aber mit der Mannschaft, die du heute kennenlernst, ist es mir sehr gut gelungen. Einige von ihnen waren wirklich fies drauf, als ich sie das erste Mal traf. Und heute sind es ganz normale fußballbegeisterte Jungen – und ein Mädchen! –, zumindest für die Zeit, die sie auf dem Platz stehen. Was sie außerhalb des Stadions tun, kann ich nicht beeinflussen. Ich kann nur versuchen, ihnen Fairness und Teamgeist beizubringen."

Jo bekam es mit der Angst zu tun. Das hatte er sich echt anders vorgestellt. Da kam er ja vom Regen in die Traufe. Erst in der Schule diese kaputten Typen, nun im Verein auch noch ehemalige Schläger und Diebe! Und dann gab es auch noch Mädchen in der Mannschaft! Na toll. Vorbei war sein Hochgefühl, neben dem berühmten Jimmy im Auto sitzen zu dürfen. Bedrückt schaute er aus dem Fenster. Während Jimmy von seiner Vergangenheit berichtet hatte, hatte Jo fasziniert an seinen Lippen gehangen und gar nicht wahrgenommen, wie sich die Gegend verändert hatte. Nun bemerkte er plötzlich, dass es kaum mehr große Häuser gab und sich stattdessen immer mehr ärmliche Hütten aneinanderreihten. Weit und breit war kein Weißer zu sehen, es wimmelte von schwarzen Kindern, die meisten barfuß und in zerschlissener Kleidung. Langsam verstand Jo, warum er bei seiner neuen Mannschaft nicht im Trikot auflaufen sollte.

Schließlich erreichten sie das Orlando Stadion, wo ihnen ein Dutzend schwarzer Kinder entgegengelaufen kam und sich um Jimmys Tür drängten.
„Jimmy", rief ein rotznasiger Junge, kaum, dass Jimmy die Tür einen Spalt breit geöffnet hatte, „hast du an das Stück Schokolade gedacht, dass du mir für meine Zwei in Mathe versprochen hast?"

„Jimmy, ich habe die ganze Woche an dem Ball geübt, wie du es mir gezeigt hast, darf ich es dir mal vormachen?“, schrie ein spindeldürres Mädchen, von dem man nicht glaubte, dass es auch nur ein Mal gegen den Ball treten könnte, ohne umzufallen.
„Jimmy, hast du an das Buch gedacht, von dem du mir erzählt hast?“, fragte ein großer, kräftiger Junge mit einer Nase, die Jimmys Knollnase noch in den Schatten stellte, und drängte sich ruppig nach vorn.
Lachend stieg Jimmy aus dem Wagen. „He, einer nach dem anderen, ich verstehe ja kein Wort, wenn ihr alle durcheinander redet!“
Sofort war er umringt von einer Traube aufgeregt schnatternder Jungs und Mädchen, die sich an ihn hängten, an ihm zerrten und vor ihm auf und ab hüpften. Jimmy tätschelte Wangen, strich über krause Köpfe und verteilte freundschaftliche Klapse.

Jo fühlte sich plötzlich wieder sehr einsam. Sollte er auch aussteigen? Unschlüssig blieb er sitzen. Da drehte sich Jimmy aber schon zu ihm um und rief „Hey, Jo, was ist mit dir, willst du im Auto Wurzeln schlagen? Komm mit, bevor diese Wilden mich aufgefressen haben!“
Erst jetzt nahmen die Kinder Notiz von Jo, und es wurde mit einem Mal mucksmäuschenstill. Alle glotzten ihn an, wieder fühlte sich Jo wie der Löwe aus dem Nationalpark, den man sich lieber nur aus der Ferne anguckt.
„Kinder, das ist mein Freund Jo. Er ist neu in Johannesburg und ein richtig toller Torwart. Ich möchte, dass ihr alle nett zu ihm seid und ihn willkommen heißt, habt ihr verstanden?“
Vereinzelt erklang ein „Hallo“ oder ein leises „Willkommen“, aber an den Blicken erkannte Jo, dass er für die Kinder ein Störenfried war. Sie wollen Jimmy mit niemandem teilen. Als der jedoch anfing, Schokolade, Kekse und Lob zu verteilten, verloren die Kids schnell wieder ihr Interesse an Jo.

Er sah sich verstohlen um.

Auch ohne Trikot kam er sich in seinem Fußballdress nun ganz schön albern vor, trugen diese Kinder doch kaum ordentliche Schuhe, geschweige denn Socken oder Fußballshorts.
„So Leute, das ist jetzt genug. Ich muss zum Training der Youths,

also lasst mich durch! Wir sehen uns morgen zu eurem Training, seid pünktlich!“
Gehorsam machten die Kinder Platz, um Jimmy und Jo passieren zu lassen und blieben schließlich vor dem Stadion zurück. Jo wollte tief Luft holen, hielt aber mittendrin inne und blieb mit offenem Mund und großen Augen stehen. Vor ihm öffnete sich ein weites Oval, das von gespenstisch verwaisten Rängen umgeben war, und ihn in sich aufzusaugen schien.

Zum ersten Mal betrat Jo das Orlando Stadion von Soweto und hatte ja keine Ahnung, wie sehr dieser Tag sein Leben verändern sollte.

Kapitel 3

Aka

Die Schulglocke läutete. Sofort klappte Aka sein Buch zusammen und stopfte seine Unterlagen so schnell wie möglich in seinen Beutel. Wenn er jetzt direkt nach Hause lief, um seine Sachen wegzubringen und dort hoffentlich nicht seiner Mutter begegnete, sondern gleich zum Wasserholen durchstartete, könnte er es noch pünktlich zum Training schaffen. Vielleicht würde er sogar ein paar Minuten früher da sein und noch rechtzeitig zum *Kaizershop* kommen. Der Kaizershop war eine Idee von Jimmy. Er hatte an seiner Schule eine Sammelstelle eingerichtet, wo Schüler und Familien aus der Umgebung Klamotten, Schuhe, Spiele und andere Dinge abgeben konnten, die sie nicht mehr brauchten, die den Kindern in Soweto aber noch gute Dienste leisteten. So hatte Aka vor einem Jahr die erste Jeans seines Lebens bekommen. Er trug sie noch heute. Zwar war sie mittlerweile etwas kurz geworden, aber sie war wesentlich besser als die abgetragenen Hosen von seinen Brüdern, die er sonst hätte tragen müssen. Auch zwei Shirts hatte er schon über den Kaizershop bekommen und einen Wollpullover, der zwar ziemlich kratzte, jedoch im Winter abends wundervoll wärmte.

Aber wie der Teufel es wollte, war er jedes Mal zu spät gekommen, wenn Jimmy ein Paar Turnschuhe dabei gehabt hatte. Und Turnschuhe waren selten im Kaizershop. Jedoch war es ein eisernes Gesetz von Jimmy, dass das Training pünktlich begann. Deswegen wurde auch mit dem Shop auf niemanden gewartet, womit Jimmy ein sehr wirksames Mittel gefunden hatte, seine Schützlinge zu Pünktlichkeit zu erziehen.

Aka sprang von seinem Schreibpult auf und hechtete zur Tür.
„Akani, kann ich dich einen Moment sprechen?“, unterbrach die schneidende Stimme von Lehrerin Plate, genannt *Miss Spike*, seinen Fluchtversuch. Es war eigentlich keine Frage sondern ein Befehl. Aka blieb stehen. Er schloss verzweifelt die Augen und wünschte, er würde sich in Luft auflösen, wenn er nicht reagierte. Vielleicht hatte er sich ja auch verhört, und sie hatte gar nicht ihn gemeint?
„Akani Mabena, was ist? Hörst du schlecht? Nächste Woche ist der Schularzt hier, soll ich ihn bitten, deine Ohren einmal ordentlich

durchzupusten?“
Aka drehte sich widerwillig um. Miss Plate schaute mit hochgezogenen Augenbrauen auf ihn herab.
„Nein, Miss Plate“, murmelte Aka und trat ungeduldig von einem Bein aufs andere.
„Setz dich“, befahl Miss Plate und machte es sich hinter ihrem Pult gemütlich.
Aka setzte sich auf die vorderste Kante seines Stuhls und musste sich beherrschen, nicht mit den Füßen zu scharren. Er wusste, wenn er Miss Plate zeigen würde, dass er es eilig hatte, würde sie sich nur noch mehr Zeit lassen. Sie hatte Spaß an solchen Machtspielchen, schließlich wusste sie, dass sie immer am längeren Hebel saß. Seine Zehen wackelten in seinen Gummisandalen hin und her.
„Mir ist aufgefallen, dass du heute sehr unaufmerksam warst. Ich hatte das Gefühl, du warst mit deinen Gedanken überhaupt nicht beim Unterricht.“
Aka befahl seinen Zehen, still zu sein und bemühte sich, unschuldig in das grimmige Gesicht seiner Lehrerin zu gucken. Der Name *Miss Spike* kam daher, weil einfach alles an ihr spitz war, die Nase, der Mund, das Kinn, die Schultern, selbst ihre Brüste, die sich unter der hochgeschlossenen Bluse abzeichneten, waren spitz. Die Brüste seiner Nachbarin Kianga sahen ganz anders aus. Manchmal sah Aka ihr zu, wie sie sich hinter ihrer Hütte wusch. Ihre Brüste waren einladend weich und rund. Aka riss sich zusammen.
„Ähem, nein, das war gar nicht so. Naja, vielleicht ein bisschen. Wissen Sie, Miss Sp…, äh, Miss Plate, heute Morgen beim Wasserholen sind mein Bruder Bheka und ich von einer Gang verprügelt worden …“
Aka erzählte der Lehrerin die Kurzfassung der morgendlichen Vorkommnisse und schilderte dabei etwas weniger kurz die bösen Verletzungen, die er und Bheka davongetragen hatten, und demonstrierte sein lädiertes Handgelenk. Wieder einmal ohne Erfolg. Ungerührt durchbohrte Miss Spike ihn mit ihrem spitzen Blick.
„Ich finde, du siehst gar nicht so schlimm mitgenommen aus, Akani“, bemerkte sie kalt. „Morgen will ich dich hier aufmerksamer erleben, sonst bleibst du den Rest der Woche nach der Schule hier und wiederholst, was wir durchgenommen haben, hast du verstanden?“

„Ja, Miss“, sagte Aka ergeben. Die kostbare Zeit nach der Schule mit diesem spitzen Eisberg statt beim Training verbringen? Allein die Vorstellung ließ Aka die krausen Haare noch mehr zu Berge stehen, als sie das eh schon taten.

Er stürmte aus der Schule und rannte nach Hause, schnappte sich den Eimer und sprintete zur Wasserstelle. So schnell es ging, trug er den Eimer zurück zur Hütte und öffnete die Tür nur so weit, dass er geradeso den Eimer um die Ecke stellen, selbst aber von niemandem gesehen werden konnte.

„Maichhabedaswassergeholtundbinjetztwegzumfußball!“, rief er in die Hütte und machte ohne eine Antwort abzuwarten kehrt, um Kurs auf das Orlando Stadion zu nehmen. Auf dem Weg sah er Yera, Adam und den Rest der *Outsiders* an einem alten Schuppen neben dem Stadion stehen und aufgeregt tuschelnd die Köpfe zusammenstecken. Was die wohl wieder ausheckten? Egal, Aka war nur froh, dass sie ihn nicht sahen und nicht auf die Idee kamen, ihn dumm anzumachen.

Als er am Stadion ankam, war er völlig aus der Puste, und der Schweiß lief ihm an den Schläfen entlang. Natürlich war er zu spät für den Kaizershop, denn die anderen liefen sich schon warm. Als Jimmy Aka sah, lief er besorgt zu ihm.
„Hey, Aka, was ist denn mit dir passiert? Alles o.k.?“
Aka rang nach Luft und stützte die Hände auf die Knie. Er war zwar ein schneller Sprinter auf dem Platz, der schnellste Stürmer seiner Mannschaft, aber gerade war er in einer Stunde ungefähr zwölf Kilometer gerannt, teilweise mit einem vollen Zehn-Liter-Eimer in der Hand – da ging selbst ihm die Puste aus.
„Ja, alles o.k.“, keuchte er.
Jimmy führte ihn zur Trainerbank. „Setz dich erst einmal hin, du bist ja völlig fertig.“ Er drückte ihm eine Flasche Wasser in die Hand, die Aka in einem Zug leerte.
„Das Warmlaufen kannst du dir heute wohl sparen“, fügte Jimmy grinsend hinzu.
Inzwischen hatte Aka wieder genug Luft, um loszuprusten. „Ja, heute kann ich das Training von der Bank aus machen und bin trotzdem mehr gelaufen als alle anderen“, scherzte er.

„O.k., erhol‘ dich erst einmal. Wenn wir an den Ball gehen, kommst du dann zu uns, o.k.?“, sagte Jimmy und lief wieder zu seinen Schützlingen auf den Platz.

Aka lehnte sich zurück und wischte sich mit dem Ärmel über die nasse Stirn. Er zog sich sein durchgeschwitztes Shirt aus und breitete es neben sich zum Trocknen aus. Erschöpft sah er seinen Teamkameraden beim Laufen zu. Da war Lindani, der wie immer gemütlich hinter den anderen hertrottete und von Jimmy mit einem Knuff in die Rippen angetrieben wurde, etwas mehr Gas zu geben. Lindani war ein schlaksiger Junge, der nur aus Armen und Beinen zu bestehen schien, die sich manchmal wie bei einer neugeborenen Giraffe ungelenk ineinander verknoteten. Wenn er aber seine Gliedmaßen unter Kontrolle und aufeinander abgestimmt hatte, war er fast elegant und führte den Ball sauber übers Feld. Er spielte im Mittelfeld, wo es nicht gleich zu einer Katastrophe führte, wenn er wieder einmal über seine eigenen Beine stolperte. Lindani hatte in letzter Zeit häufig beim Training gefehlt, da seine Mutter schwer krank war und er sich um seine drei kleinen Geschwister kümmern musste. Sein Vater war letztes Jahr gestorben. Man erzählte sich, er hätte sich im Suff erhängt, aber das war eigentlich nur ein Gerücht, und Akas Mutter hatte ihn ermahnt, solchen Geschichten keinen Glauben zu schenken. Auf jeden Fall freute Aka sich, Lindani wieder einmal beim Training zu sehen und wertete es als Zeichen, dass es seiner Mutter besser ging.

Vor Lindani lief Kafil, mit 15 einer der Ältesten in der Mannschaft und ein kräftiger Bursche mit raspelkurzen Haaren, der, wenn es darauf ankam, nicht nur sprintstark, sondern auch geschickt im Grätschen war. Er wurde in der Mannschaft nur *The Rock* gerufen, weil er in der Abwehr wie ein Fels in der Brandung stand. Kafil ging nicht mehr zur Schule, sondern arbeitete wie Akas Mutter in der Maponya-Mall. Er wog in einem Supermarkt für die Kunden das Gemüse ab. Er war der Kapitän der Mannschaft und für viele neben Jimmy ein Ansprechpartner, auch über das Sportliche hinaus. Wenn Jimmy einmal nicht zum Training kommen konnte, übernahm es Kafil.

Wie immer allen voran lief Mandla, das Energiebündel der Mannschaft. Mandla sah man nie sitzen oder herumstehen, er war einfach immer in Bewegung und schien nie müde zu werden. Permanent sah man seine langen Haare um seinen Kopf herumfliegen. Aka konnte sich nicht vorstellen, dass Mandla sich zum Schlafen ruhig hinlegte. Er musste eine Möglichkeit gefunden haben, beim Laufen zu schlafen. Mandla spielte im rechten Mittelfeld und war mit seiner quirligen Art dem Gegner immer einen Schritt voraus. Er hatte Aka schon so einige Flanken auf den Fuß gelegt, die dieser nur noch über die Torlinie zu lupfen brauchte. Mittlerweile verstanden sich die beiden fast blind und waren ein gut eingespieltes Team. Abseits des Spielfeldes konnte Mandla zwar etwas anstrengend sein, da sein Mundwerk genauso wenig still hielt wie der Rest seines Körpers, aber Aka mochte ihn und wusste, was er an ihm hatte.

Mit einem breiten Grinsen auf dem Gesicht lief das einzige Mädchen aus der Mannschaft, Malaika, an ihm vorbei und winkte ihm zu. Aka winkte dämlich grinsend zurück und versuchte, dabei ganz lässig auszusehen. Malaika war 14, ein Jahr älter als er, und spielte wie er im Sturm. Sie war in der ganzen Stadt bekannt, denn sie war das einzige Mädchen, das in einer ernst zu nehmenden Fußballmannschaft spielte. Dafür hatte sie lange kämpfen müssen, denn eigentlich durften Mädchen nicht bei den Jungs spielen. Da es jedoch keine Mannschaft gab, in der Malaika hätte spielen können, weil sie für alle Mädchenmannschaften viel zu gut war, hatte sie durchgesetzt, dass sie bei den Jungs spielen durfte. Nun spielte sie seit eineinhalb Jahren bei den Kaizer Chiefs und war zu einem festen Bestandteil des Teams geworden. Malaika war kräftig und trug ihre Haare in vielen kurzen Zöpfen, die in allen Richtungen vom Kopf abstanden. Sie hatte fünf ältere Brüder und war von diesen alles andere als mädchenhaft erzogen worden. Sie hatte mit ihrer ruppigen Art schon so manchen Jungen weinend vom Feld geschickt, denn sie konnte gut austeilen und wurde von den Gegnern wegen ihrer Blutgrätschen gefürchtet. Aus diesem Grund genoss sie auch keinen Mädchenbonus, sondern wurde auf dem Feld genauso hart angefasst wie alle anderen auch. Aka selbst hatte ab und zu etwas Angst vor Malaika, weil sie ihn manchmal wüst beschimpfte, wenn er einen zu steilen Pass von ihr nicht mehr erreichte.

Dann war da noch Tau, mit seinen 14 Jahren bereits ein Hüne und stark wie ein Löwe. Er war der kopfballstärkste Spieler der Mannschaft und wurde bei jeder Ecke des Kaizer Chiefs von mindestens drei Gegnern bewacht. Tau ging mit Akas Bruder Khulekani in eine Klasse. Daher wusste Aka, dass Tau nicht der Hellste war, häufig Ärger machte und sich gern mit den Lehrern anlegte. Bevor Jimmy ihn zu den Kaizer Chiefs geholt hatte, war er der Boss einer Gang in Soweto gewesen und hatte schon einige Male im Gefängnis gesessen. Tau hatte das, was man eine fiese Visage nannte, und war bestens dazu geeignet, den Gegnern auf dem Spielfeld Angst einzuflößen. Wenn das nicht ausreichte, trat er auch gern mal zu, da war er nicht zimperlich.

Sein Cousin Themba war genau das Gegenteil von Tau, schmal, schlau und schüchtern. Themba war ein flinker Fuchs, der mit viel Grips spielte und von Jimmy gern als Spieldirigent aufs Feld geschickt wurde. Dann gab es noch die Zwillinge Wesley und Nelson, die in Akas Klasse gingen. Die beiden glichen einander wie ein Ei dem anderen und waren unzertrennlich. Man sah nie einen von den beiden allein. Aka fragte sich manchmal, ob sie auch zusammen aufs Klo gingen. In der Schule wurden sie nur „Welson“ gerufen, weil man nie wusste, wen man vor sich hatte, und so auf der sicheren Seite war. Die Lehrer begnügten sich damit, die beiden mit ihrem Nachnamen anzusprechen. Nur Jimmy hatte auf unerklärliche Weise einen Weg gefunden, die Zwillinge zu unterscheiden und vertat sich nie, wenn er sie beim Namen rief. Aka wüsste nur zu gern, wie er das machte.

Die beiden Innenverteidiger waren Philani und Xolo. Philani war für einen Abwehrspieler zwar ziemlich klein, machte das aber durch seine erstaunlichen technischen Fähigkeiten wieder wett. Wie er dem Gegner scheinbar im Vorbeispazieren den Ball abnahm, war eine Freude. Xolo hingegen war groß und dünn, aber ebenfalls ein wahrer Ballakrobat. An seinen langen Gräten musste ein Angreifer erst einmal vorbeikommen. Ein weiterer Mittelfeldspieler war Sipho, ein Universaltalent, das sowohl im rechten als auch im linken Mittelfeld spielen konnte. Sipho war ein freundlicher Bursche, der, solange Aka bei den Kaizer Chiefs spielte, noch nie beim Training gefehlt hatte.

Zu guter Letzt war da noch Uuka, der Torwart, wenn man ihn so nennen wollte. Uuka hatte mit Laufen nicht allzu viel am Hut, wollte aber unbedingt Teil der Kaizer Chiefs Youths sein, und so blieb für ihn nur die Position des Torwarts. Der Torwart der letzten Saison hatte vor drei Monaten einen Job gefunden und keine Zeit mehr zum Trainieren, und nun brauchten die Kaizer Chiefs dringend einen neuen Keeper. Aka wusste jedoch, dass sie mit Uuka im Tor nicht in die neue Saison starten könnten und dass Jimmy ebenfalls nicht glücklich mit der Besetzung war. Auch Uuka selbst wirkte im Tor mehr als unglücklich. So manches Mal, wenn Malaika im Training auf ihn zugestürmt kam, war er einfach aus dem Tor gerannt, um ihren Schuss nicht abzubekommen. Aka musste bei seinem Anblick zwischen den Pfosten immer an ein Bild aus dem Kruger Nationalpark denken, das Jimmy einmal mitgebracht hatte, auf dem ein kleines Warzenschwein zwischen den hohen Beinen eines Elefanten gestanden und sehr verloren ausgesehen hatte.

Jimmy hatte schon viele Einzeltrainings mit Uuka durchgeführt, aber er hatte es nicht geschafft, Uuka die Angst vor dem Ball zu nehmen. Aka wusste warum. Uuka hatte ihm vor einiger Zeit anvertraut, dass er oft von seinem Vater verprügelt wurde und sich wegen seiner vielen Prellungen nicht auf den Boden oder in den Ball werfen mochte. Aka hatte Uuka versprechen müssen, Jimmy nichts davon zu erzählen, denn Jimmy wurde sehr ungehalten, wenn er solche Sachen hörte. Er nahm sich gern brutale Eltern zur Brust und versuchte sie davon zu überzeugen, ihre Kinder nicht zu schlagen. Meist hatte dies jedoch einen gegenteiligen Effekt, weswegen Uuka um keinen Preis der Welt wollte, dass Jimmy sich seinen Vater vorknöpfte. Er fürchtete, sein Vater würde ihm dann ganz verbieten, zum Fußballtraining zu gehen. Und das war das Schlimmste, was sich Uuka vorstellen konnte. Denn die Zeit, die er beim Training verbrachte, war er weit weg von seinem Vater. Lieber stand er vor Angst zitternd im Tor als vor seinem Vater, denn im Gegensatz zu seinem Vater war der Ball ein zumindest halbwegs berechenbarer Gegner.

Jetzt erst entdeckte Aka den weißen Jungen auf dem Platz. Er trug Fußballschuhe, Schienbeinschoner und richtige Fußballshorts und Torwarthandschuhe.

Fehlte nur das Trikot zu einem perfekten Fußballdress. Er war ziemlich groß und schlaksig und hatte blonde, dünne Haare, die ihm wirr in die Stirn fielen. Unwillkürlich musste Aka bei dem Anblick des einen Weißen zwischen all den Schwarzen an das Gebiss seiner Tante Mila denken, die nur noch schwarze, verfaulte Zähne im Mund hatte – bis auf einen Zahn, der erstaunlicherweise blendend weiß und gesund geblieben war. Wie kam er denn jetzt darauf? Aka schüttelte den Kopf über sich selbst.

Der Junge stand neben Uuka beim Tor und hörte Jimmy gebannt zu, der mit dem Ball von rechts nach links und zurück lief. Er redete dabei ununterbrochen auf die beiden Keeper ein und zeichnete dabei wie eine Sangoma, eine einheimische Heilerin, geheimnisvolle Zeichen in die Luft. Aka runzelte die Stirn, was hatte denn ein weißer Junge bei den Kaizer Chiefs zu suchen? Er stand auf und ging zu seinen Mannschaftskameraden hinüber, die angefangen hatten, sich im Kreis den Ball zuzukicken.
„Hallo Leute", grüßte Aka in die Runde und klatschte sich mit Mandla ab.
„Hey, Aka!", rief Wesley oder Nelson und spielte ihm den Ball zu. Aka schaute zu dem anderen Zwilling hin und konnte wie immer keinen Unterschied zwischen ihnen ausmachen.

„Hi Welson!", sagte Aka, nahm den Ball an, kickte ihn einmal in die Luft und spielte ihn zu dem anderen Welson hin.
Als dieser den Ball annahm, sah Aka weiße Turnschuhe an seinen Füßen und rief: „Wow, was sind das denn für schicke Treter, wo hast du die denn her?"
Welson lächelte glücklich. „Die hat Jimmy heute mit in den Kaizershop gebracht, sind die nicht cool?!"

Aka hatte plötzlich einen bitteren Geschmack im Mund und musste sich zusammenreißen, nicht loszuschreien. Hätte Miss Spike ihn mit ihrem Gelaber nicht so lange aufgehalten, wäre er rechtzeitig zum Shop gekommen, und dann wäre jetzt vielleicht er im Besitz von richtigen Turnschuhen! Er kochte innerlich vor Wut und nahm sich vor, seiner Lehrerin am Montag eins auszuwischen. Vor Schulbeginn würde er eine Regenspinne in ihrem Pult verstecken. Ihm fiel die Spinne von heute Morgen ein, vielleicht war sie ja noch unter seinem Bett. Die hätte genau die richtige Größe, um der blöden Kuh gehörig

Angst einzujagen. Er würde die Spinne bis Montag in einen Karton sperren, dann hätte sie sicherlich die richtige Laune für Miss Spike.

„Wer ist denn das Weißbrot da drüben?“, fragte er in die Runde und wies auf den Jungen am Ende des Spielfeldes.
„Das ist das Mamasöhnchen von Freunden von Jimmy. Kommt aus Europa, so ein reicher eingebildeter Fuzzi!“, antwortete Tau gewohnt aggressiv und machte eine wegwerfende Handbewegung.
„Habt ihr die Klamotten von dem gesehen? Die kosten mehr als mein Vater im Monat verdient!“ sagte Malaika angriffslustig und erntete zustimmendes Gemurmel.
„Ich weiß gar nicht, warum Jimmy hier einen Weißen anschleppt, was will denn so ein reiches Weichei bei uns in Soweto?“, stimmte Aka in das Gemurre mit ein.
„Na, na, Jungs, jetzt haltet mal den Ball flach!“, ging Kafil, ihr Kapitän, vernünftig wie immer dazwischen. „Jimmy selbst ist damals schließlich auch als erster Weißer zu den Kaizer Chiefs gekommen – und will sich darüber vielleicht jemand von euch beschweren? Ich finde, wir gucken uns diesen Jo erst einmal an, dann können wir ihn immer noch doof finden.“

Daraufhin sagte niemand mehr was.

„Pff, Jo“, dachte Aka bei sich, „was für ein bescheuerter Name“, aber er sagte besser nichts mehr, weil er sich nicht mit Kafil anlegen wollte. Außerdem war Jimmy ja gar kein richtiger Weißer, er war eher braun, nicht so wie dieses Milchgesicht da drüben, der gar keine Bälle hielt, sondern ständig nur hinter dem Ball herlief.
In dem Moment kam Jimmy zu ihnen rüber und rief: „So Chiefs, ran an die Bälle, bitte immer zu zweit!“
„Auch egal“, dachte Aka, „das Weißbrot wird es sicher nicht lange bei uns durchhalten“, kickte seinen Ball zu Mandla und hatte Jo fast wieder vergessen.

Kapitel 4

Jo

Jo trabte missmutig über den Platz, um den Ball zu holen, den dieser unfähige Uuka schon wieder meilenweit am Tor vorbeigeschossen hatte. Seine Begeisterung für dieses Training hatte einen deutlichen Dämpfer erhalten. Er war der einzige weiße Junge in der Mannschaft, und keiner der anderen schien ihn auch nur wahrzunehmen. Und wenn, dann beäugte man ihn alles andere als freundlich. Jimmy hatte ihn kurz der gesamten Mannschaft vorgestellt, woraufhin er mit feindseligen Blicken bedacht worden war. Kurz darauf hatten sich alle auf die abgetragenen Klamotten gestürzt, die Jimmy aus seiner Tasche auspackte. Jimmy hatte sie zur Ruhe aufgefordert, und dann wurden die Sachen gerecht verteilt. Die strahlenden Gesichter der Jungs, wenn sie ein altes T-Shirt oder eine Jeans bekommen hatten, hatten Jo peinlich berührt, und wieder kam er sich mehr als albern vor in seinem perfekten Fußball-Outfit. Gut, dass er nach Jimmys Tipp immerhin sein Profi-Trikot gegen ein normales weißes T-Shirt getauscht hatte. Vor allem die zwei Jungen, die einander zum Verwechseln ähnlich sahen, hatten sich vor Freude gar nicht mehr eingekriegt, als Jimmy ein Paar Turnschuhe hochgehalten und „Größe 9!“ gerufen hatte.
Einer der beiden war nach vorn getreten und hatte gesagt: „Wir haben Größe 9, Jimmy, und wir könnten sie abwechselnd zum Training anziehen!“
„O.k., Nelson, das ist eine gute Idee“, hatte Jimmy zugestimmt, und Jo hatte sich zum einen gefragt, wie man sich ein Paar Turnschuhe teilen konnte und zum anderen, wie Jimmy es hinbekam, die beiden Zwillinge auseinanderzuhalten.

Dann hatte Jimmy ihn mit diesem ungelenken Torwart bekannt gemacht, der den Mund überhaupt nicht aufbekam und ihn unentwegt anstarrte. Der sah aus, als würde er im Tor am liebsten Reißaus nehmen. So einer wollte Torwart sein? Das war doch lächerlich! Er lief jetzt bestimmt schon zum zehnten Mal hinters Tor, um den Ball zu holen. Jo schoss den Ball zurück. Jimmy hatte ihnen eine Übung gezeigt, die sie zu zweit machen konnten. Naja, mit einem anderen Partner hätte er die Übung vielleicht machen können. Aber dieser

Uuka bewegte sich eckig wie ein Roboter, das konnte doch kein Torwart sein! Gerade lief er wieder an und trat mehr ins Gras statt vor den Ball. Der Ball hüpfte ein paar Meter über den Rasen und blieb dann vor Jo liegen. Das war ja ein tolles Training. Verstohlen musterte er die anderen Spieler. Gerade spielte der kleine drahtige Junge ohne Schuhe, der zu spät gekommen war, im Slalom um die anderen herum. Es sah lustig aus, wie seine Haare, die in dicken Strähnen wild von seinem Kopf abstanden, dabei auf- und niederwippten. Er führte den Ball sauber und mühelos am Fuß und bewegte sich dabei anmutig wie eine Gazelle. Nach ihm war das Mädchen an der Reihe. Auch sie lief sehr geschmeidig und bewegte genauso schnell wie der Junge den Ball durch die Reihen. Fasziniert sah Jo ihr dabei zu. Er hatte noch nie ein Mädchen so gut Fußball spielen sehen.
„Malaika spielt super, oder?“, sagte Uuka hinter ihm. „Sie ist unser bester Mann im Sturm.“ Dann giggelte er leise. „Aber leg dich nicht mit ihr an, sonst bist du schnell einen Kopf kürzer“, fügte er verschmitzt hinzu und nahm den Ball wieder auf. „Los, jetzt gehe ich mal ins Tor!“
Kurz darauf kam Jimmy zu Jo und Uuka.
„So, ihr zwei, jetzt wollen wir doch mal sehen, was ihr in der letzten halben Stunde gelernt habt. Jo, du fängst an und stellst dich ins Tor.“
Er schoss einige Bälle, von denen Jo ganz passabel die Hälfte hielt, die andere Hälfte hatte Jimmy einfach zu präzise ins Eck geschossen. Jo hechtete von einer Seite zur anderen und machte sich lang und länger. Schließlich hielt Jimmy inne, nickte ihm anerkennend zu, und es folgte eine Trainingseinheit, wie Jo sie noch nie erlebt hatte.

Jimmy stellte sich ihnen gegenüber auf. „Ihr müsst die Körperhaltung eures Gegners ganz genau beobachten“, sagte er. „Wenn ein Spieler auf euer Tor zuläuft, verrät er euch unbewusst ganz viel darüber, was er vorhat. Ihr müsst ihn genau ansehen, dann wird er euch ungewollt eine Menge darüber verraten, was er mit dem Ball tun wird.
Fixiert ihn mit eurem Blick, haltet ihn fest: Hat er die rechte oder die linke Schulter vorn? Verlagert er sein Gewicht auf den rechten oder auf den linken Fuß? Beugt er sich über den Ball, oder lehnt er sich nach hinten? Wo zeigen seine Arme hin? Wie dreht er den Fuß,

spielt er mit dem Innen- oder Außenrist oder mit dem Spann? All diese Bewegungen geben euch Hinweise darauf, wo er den Ball hinspielen wird.
Vergesst aber eines nicht: Schaut eurem Gegner tief in die Augen. Die meisten Spieler sehen unbewusst direkt vor dem Abschuss ganz kurz dort hin, wo sie hinspielen wollen. Diesen kurzen Augenblick dürft ihr nicht verpassen! Ihr müsst immer wachsam sein, nicht nur euer Körper, auch euer Geist muss beweglich sein wie ein Leopard.
Einen Gegner zu lesen, ist reine Übungssache. Ihr braucht dafür eine gute Beobachtungsgabe, aber vor allem zählt euer Fleiß. Ihr könnt euch dieses Wissen aneignen, indem ihr eure Mitspieler immer genau beobachtet und lernt, ihre Körper zu lesen. Natürlich werden sie trotzdem versuchen, euch auszutricksen und falsche Richtungen antäuschen. Aber auch das zu erkennen, kann man lernen. Alles Weitere ist Intuition, und diese Intuition hat man oder man hat sie nicht."
Beim letzten Satz sah er Jo kurz an und nickte ihm unmerklich zu.
Bei Jimmys verstecktem Lob wurde Jo rot vor Freude. Er hatte Jimmy fasziniert zugehört und bildlich vor Augen gehabt, was er beschrieben hatte.
„Kommt mal mit mir ins Tor", sagte Jimmy.
Sie stellten sich nebeneinander zwischen die Pfosten. Jimmy atmete tief ein.
„Schließt die Augen und vergegenwärtigt euch euer Tor. Fühlt den Raum vom rechten bis zum linken Pfosten, versucht, ihn mit euren Armen auszufüllen, ihn zu greifen, zu *spüren*, wie viel Platz von euren rechten Fingerspitzen bis zum rechten Pfosten und von euren linken Fingerspitzen bis zum linken Pfosten ist. Fühlt den Raum von euren Füßen bis zur Latte, spürt den Raum über eurem Kopf, versucht, ihn mit euren Armen zu greifen, versucht, den Raum zwischen euren Fingerspitzen und der Latte zu *spüren*.
Dies ist euer Reich, dies ist euer Zuhause. Hier müsst ihr euch auskennen wie in eurer Westentasche, ihr müsst jeden Quadratzentimeter aus dem Effeff kennen. Entwickelt ein Raster in eurem Kopf, teilt euren Raum in kleinste Segmente auf, von denen jedes Einzelne seine eigene Rolle spielt. Egal, wie viel Mal ihr durch die Luft gekugelt seid, ihr müsst immer genau wissen, in welchem Segment ihr euch gerade befindet. Es ist euer Raum, und ihr seid hier der Meister. Ihr müsst diesen Raum beherrschen."

Jimmy öffnete die Augen und sah Jo an. Auch wenn er beide angesprochen hatte, spürte Jo, dass Jimmy eigentlich nur mit ihm geredet hatte. Er fühlte sich benommen. War er gewachsen? Er hatte das Gefühl, als sei der Raum um ihn herum kleiner geworden, als würde er das Tor mehr ausfüllen, als wäre er ein Teil von ihm geworden. Lächelnd nickte er Jimmy zu. Er hatte verstanden.

Jimmy teilte die Spieler in zwei Gruppen ein, Uuka und Jo gingen jeweils in ein Tor. Es entwickelte sich ein schnelles Spiel, in dem gefoult, getreten und geschubst wurde, was das Zeug hielt. Jo staunte nicht schlecht, als das Mädchen den kleinen Jungen, der zu spät gekommen war, derart von den Füßen grätschte, dass dieser hart auf dem Rücken landete. Es dauerte aber nicht lange, bis der sich rächte und dem Mädchen ordentlich vors Schienbein trat. Die zuckte jedoch mit keiner Wimper, obwohl der Tritt auch von nackten Füßen ordentlich wehgetan haben musste.

Jo fragte sich, wie man ohne Turnschuhe Fußball spielen konnte, aber offensichtlich hatten die Jungen eine solche Hornhaut unter den Füßen, dass es ihnen nichts ausmachte. Und es war anscheinend auch keine Seltenheit, dass hier barfuß gespielt wurde. Jo dachte an seine Mannschaft in Berlin, in der jeder, der etwas vergessen hatte, mit einer Extrarunde laufen bestraft wurde. Hier in Soweto war die Tatsache, keine Schuhe anzuhaben, eine Lebensstrafe.

Jo fühlte einen Anflug von Mitleid mit den drei Jungen, die barfuß über das Feld liefen, auch wenn er sich noch immer von allen ignoriert fühlte. Aber der Kleine hatte trotzdem einen unglaublich harten Schuss, und auch der zweite Zwilling und der quirlige Typ, der überall zugleich zu sein schien, kamen offensichtlich gut damit klar.

Jetzt kam der Kleine mit hoher Geschwindigkeit auf ihn zugelaufen, täuschte einen Schuss an und spielte den Ball zu dem Mädchen. Dieses trickste den Abwehrspieler aus und zog wenige Meter vor Jo messerscharf auf sein Tor ab. Jo beobachtete sie aufmerksam. Kurz vor dem Schuss blickte sie für den Bruchteil einer Sekunde in die kurze Ecke und gab ihm damit den entscheidenden Hinweis.

Mit einem weiten Hechtsprung flog Jo nach rechts und rollte sich mit dem Ball in seinen Armen ab. Die beiden Stürmer starrten ihn ungläubig an. Das Mädchen zog fassungslos die Augenbrauen hoch, ihre dunklen Augen blitzten ihn an. Der Kleine nickte anerkennend staunend mit vorgeschobener Unterlippe. Dann drehten sich beide ohne ein Wort zu sagen um und liefen zurück auf ihre Positionen.

Jo blieb wie betäubt zurück. Wie hatte er denn diesen Ball noch bekommen? Normalerweise hätte er einen solchen Ball höchstens aus dem Tor herausgeboxt, aber ihn auf keinen Fall gefangen. Es war gewesen, als hätte er die Szene in Zeitlupe betrachtet. Als er begonnen hatte, den Körper des Mädchens zu lesen, schien sich dieser plötzlich nur noch mit halber Geschwindigkeit zu bewegen. Jo hatte jede ihrer Muskelbewegungen registriert und gleichzeitig ausgewertet und schon vor ihrem kurzen Blick, der eigentlich nur ein Blinzeln gewesen war, gemutmaßt, dass sie ins kurze Eck schießen wollte. Als sie dann auch noch dorthin geblickt hatte, war er gedanklich schon in die Richtung unterwegs gewesen, weswegen sein Körper schneller auf den letzten Impuls reagiert hatte, der durch ihren Blick ausgelöst worden war.

Am anderen Ende des Spielfeldes sah er Jimmy, der ihm zulächelte und verschmitzt den Daumen hochhielt. Jo lächelte benommen zurück. Er sah sich um. Das Stadion mit den verwaisten Rängen war noch immer dasselbe. Auch die Spieler auf dem Feld waren noch immer dieselben. Er sah auf seine Hände. Nur er, er war nicht mehr derselbe.

Kapitel 5

Aka

„O.k. Chiefs, das war's für heute!", rief Jimmy. „Ihr wart wirklich super. Wenn wir weiter so fleißig trainieren, ist die nächste Stadtmeisterschaft unsere, oder, was meint ihr?" Die Mannschaft antwortete mit lautem Gebrüll. Die Spieler bildeten einen Kreis, legten die Hände in der Mitte übereinander und riefen wie aus einem Mund:
„Ihr seid nur Könige, wir sind die Kaizer, Laduma!
Ihr seid nur Könige, wir sind die Kaizer, Laduma!"

Aka sah sich um. Das Weißbrot stand etwas abseits und trat verlegen von einem Bein aufs andere. Ganz offensichtlich wusste er nicht, was er tun sollte und hatte Hemmungen, sich zu ihnen zu gesellen. Aka ging einen Schritt zur Seite und winkte ihn heran. Der Junge kam zu ihnen und legte seine weiße Hand auf den Stapel dunkler Hände.
„Ihr seid nur Könige, wir sind die Kaizer, Laduma!"
Die Hände flogen nach oben, und alle klatschten und lachten.
Der weiße Junge lachte und klatschte auch. Für ein Weißbrot sah er bei näherer Betrachtung eigentlich ganz nett aus, fand Aka und musterte Jo. Der erwiderte seinen Blick und grinste ihn an.
„Was heißt denn eigentlich Laduma?", fragte er.
„Laduma heißt Tor", antwortete Aka.
„Danke", sagte Jo und reichte ihm die Hand. „Ich bin Jo."
„Gern geschehen", Aka zögerte, nahm dann aber Jos Hand. „Ich bin Aka."

Nach dem Training zog Aka schnell seine ausgelatschten Gummisandalen wieder an. Er hatte Hunger wie ein Bär. Er dachte über das Training nach. Eine komische Stimmung war das heute gewesen. Das lag sicherlich an dem Neuen. Er wollte keinen verwöhnten weißen Bengel in seiner Mannschaft, vor dem er sich fühlte wie ein armes Ghettokind. Schließlich ging er zum Fußball, um hier sein restliches Leben zu vergessen. Hier wollte er nur Held sein. Hier war er das, was er auf dem Spielfeld verkörperte: ein Stürmer. Hier machte er sich keine Sorgen um Schlägertypen aus der Nachbarschaft, seine zerlöcherte Jeans oder schlechte Schulnoten. Auf dem Feld zählten nur er und der Ball. Mehr nicht.

Andererseits schien der Typ ja echt ein guter Torwart zu sein. Dieser knallharte Ball von Malaika, den er gehalten hatte, wow, so eine Reaktion hatte Aka noch nie bei einem Torwart gesehen! Aka wusste nur zu gut, wie scharf Malaikas Schüsse sein konnten, schließlich hatte er sogar manchmal bei einem Pass von ihr Probleme, den Ball anzunehmen. Wie dieser Jo durch das Tor geflogen war, als hätte er geahnt, wo Malaika hinspielte, das war schon echt sensationell gewesen. Außerdem schien Jimmy große Stücke auf ihn zu halten, das hatte Aka an Jimmys anerkennendem Blick gesehen. Und überhaupt: Wen Jimmy mochte, der konnte ja eigentlich nicht ganz verkehrt sein.

Aka zog seinen kratzigen Wollpullover über und verließ das Stadion. Vielleicht konnte das ja doch noch was werden mit diesem Jo. Mal sehen, ob dieser eine Ball nur ein Glückstreffer gewesen war, das würde sich ja morgen beim Training zeigen. Es sei denn …
Aka hielt inne. Er war so in Gedanken gewesen, dass er gar nicht darauf geachtet hatte, was um ihn herum geschah. Er hätte diesen Weg blind laufen können, so oft war er ihn bereits gegangen, er kannte jeden Stein und jeden verdorrten Grashalm. Er sah sich um. Hinter ihm lag das Orlando Stadion verlassen da. Es war still geworden, die Sonne ging unter, und das Licht wurde fahl. Trotzdem war der Weg vor ihm heller als sonst. Da sah er das Licht in den schmutzigen Fenstern des alten Schuppens, vor dem er vorhin die *Outsiders* hatte herumlungern sehen. Er hörte laute Stimmen von innen und ging verwundert näher.

„Oh Mann, du bist vielleicht ein Vollidiot!“, kreischte eine piepsige Stimme. „Da verliert der Typ seine Kette! Wie blöd kann man denn eigentlich sein?“ Die Stimme überschlug sich fast vor Wut.
„Vielleicht geht es jetzt deinetwegen in die Hose, dann sind wir alle so richtig am Arsch!“ Die Stimme holte tief Luft, um sich etwas zu beruhigen.
„Aber noch ist uns ja niemand auf der Spur. Schließlich kennt keiner unser Zeichen. Und das Wichtigste ist schließlich, dass euch der zweite Typ nicht gesehen hat und euch nicht gefolgt ist. Unser Trick war gut, und wir haben sie an der Nase herumgeführt. Also sollten wir jetzt keine Panik machen, sondern Ruhe bewahren. Aber wir müssen verdammt noch mal besser aufpassen! Noch so ein Fehler,

und das Ding ist gelaufen!"
Diese Stimme kannte er doch? Aka versuchte, durch das Fenster zu gucken, doch es war zu hoch. Er legte sein Ohr an die Wand, um besser zu hören.
„Ich habe euch aber doch vorher schon gesagt, dass wir vorsichtig sein müssen!", sagte die Piepsestimme weiter. „Falls ihr es vergessen habt: Hier geht es um die WM, die F-u-ß-b-a-l-l-w-e-l-t-m-e-i-s-t-e-r-s-c-h-a-f-t! Da guckt die ganze Welt hin! Mein Gott! Es geht hier nicht um irgendetwas, das habe ich euch doch schon hundert Mal erklärt. Es geht um das wichtigste Ding der Welt. Der g-a-n-z-e-n Welt! Das wird überall gebracht, im Fernsehen, im Radio, in allen Zeitungen. Ich sage es euch jetzt zum letzten Mal: JEDER verdammte Mensch auf der ganzen scheißverdammten weiten Welt wird davon erfahren. Das erfährt sogar der Yeti auf dem Tafelberg, das sage ich euch. Und wenn ihr euch nicht schlau genug anstellt, dann sitzen wir ganz schnell bis zum Hals in der Scheiße!"

Mit dem Ohr an der Wand erkannte Aka nun ganz deutlich die hohe Stimme, und sah in Gedanken vor sich, wie Yera heute früh Bheka in den Magen geboxt und anschließend gelacht hatte. Ab und zu erklang das dunklere, verängstigte Brummen von den anderen. Was erzählte Yera da von der WM? Was für ein Ding? Wovon würde die ganze Welt erfahren?
Akas Magen knurrte so laut, dass er befürchtete, es wäre noch im Innern der Hütte zu hören, wo sich gerade betretenes Schweigen breitgemacht hatte.
„Na gut", sagte Yera jetzt, etwas ruhiger, „vielleicht ist ja wirklich alles gut gegangen. Wir verschwinden jetzt alle UNAUFFÄLLIG nach Hause und gönnen uns eine Mütze Schlaf. Adam, du bleibst hier und schiebst Wache. In drei Stunden komme ich und löse dich ab."

Aka hörte Schritte an der Tür, lief schnell auf den Weg zurück und tat so, als käme er gerade aus dem Stadion gelaufen. Yera und seine Jungs waren so mit sich selbst beschäftigt, dass sie gar keine Notiz von ihm nahmen, sondern ohne ein weiteres Wort miteinander zu wechseln in verschiedene Richtungen verschwanden.
Aka lief nach Hause und grübelte darüber nach, was er gerade gehört hatte.

Aber egal, wie sehr er darüber nachdachte, er konnte sich auf Yeras Wutausbruch einfach keinen Reim machen. Nur eines war klar: Die *Outsiders* hatten wieder einmal Dreck am Stecken. Und wenn dieser Dreck tatsächlich irgendwie mit der WM zu tun hatte, interessierte es ihn natürlich umso mehr.

Kapitel 6

Jo

Johannesburg spielte verrückt. Ganz Südafrika spielte verrückt. Jo kam aus dem Staunen gar nicht mehr heraus. Er erinnerte sich an die WM 2006 in Deutschland, als das ganze Land eine einzige Party gewesen war. Er war sogar live dabei gewesen: Im Berliner Olympiastadion hatte er mit seinen Eltern und seinem besten Freund Tim zusammen das sensationelle Viertelfinale Deutschland gegen Argentinien gesehen, das Deutschland im Elfmeterschießen 4:2 gewonnen hatte. Dank Jens Lehmann, der mit seinem Zettel im Stutzen zwei Elfer gehalten hatte. Jo hatte sich darüber besonders gefreut, denn als Torwart wusste er, was es bedeutete, bei einem Elfer die Nerven zu behalten. Und dann hatte Lehmann auch noch *zwei* Elfer gehalten, irre! Mann, war das ein Fest gewesen, das Stadion hatte gekocht, alle hatten sich in den Armen gelegen, egal, ob man sich kannte oder nicht. Zum ersten Mal in seinem Leben hatte Jo, damals neun Jahre alt, ganz bewusst eine WM miterlebt, und das auch noch im eigenen Land. Das war eine Erinnerung, die er sein Leben lang wie ein kostbares Juwel bewahren würde, denn die Erinnerungen an diese WM zählten zu den schönsten in seinem Leben. Dass Deutschland dann im Halbfinale in der Verlängerung 0:2 gegen Italien verloren hatte, war zwar tragisch gewesen, seine schönen Erinnerungen an die WM konnte es jedoch nicht trüben.

Von Jimmy hatte er schon einiges über den Fußball in Südafrika gelernt. Er hatte ihm erzählt, dass sich die südafrikanische Nationalmannschaft überhaupt erst zweimal für eine WM qualifiziert hatte. Ganz früher hatte das Team wegen Ärgers mit dem internationalen Fußballverband FIFA gar nicht erst teilnehmen können. Später schloss die FIFA Südafrika wegen seiner rassistischen Apartheidpolitik ganz von den Weltmeisterschaften aus.

Erst 1994, nachdem es in Südafrika die ersten freien Wahlen gegeben hatte, war Südafrika wieder zu einer WM-Qualifikation zugelassen worden – jedoch ohne Erfolg. 1998 und 2002 war das Team unter großem Jubel der Fans zur WM gereist, aber jeweils schon in der Vorrunde gescheitert. 2006 hatte es wieder nicht zur Qualifikation

gereicht, und Südafrika hatte dem Fußballfest in Deutschland nur aus der Ferne zuschauen können.
Umso mehr freuten sich die Südafrikaner jetzt auf dieses sportliche Großereignis in ihrem eigenen Land. Jimmy hatte Jo lächelnd erklärt, dass die südafrikanischen Fans ihre Mannschaft, die sie zärtlich *Bafana Bafana* – die Jungs – riefen, abgöttisch liebten. Im Gegensatz zu den deutschen waren die südafrikanischen Spieler über die eigenen Landesgrenzen hinaus zwar kaum bekannt und wenig erfolgreich. Doch das tat ihrem Heldenstatus im eigenen Land keinen Abbruch.
„Die südafrikanischen Spieler sind no-names in der Welt, aber Volkshelden in ihrem Land", hatte Jimmy gesagt und dabei fröhlich gelacht. Dann hatte er noch gesagt, dass die Menschen in Südafrika nicht nur die Hoffnung hatten, dass ihre Mannschaft möglichst erfolgreich spielen würde. Sie wollten außerdem der ganzen Welt zeigen, dass Südafrika mehr zu bieten hat als Armut, Gewalt und Rassenprobleme. Sie wollten sich als ein freundliches und fröhliches Land präsentieren, weltoffen und fähig, eine solche Veranstaltung von weltweiter Beachtung organisatorisch zu stemmen.

Jo fand es sehr schade, dass er zu keinem Spiel gehen würde, denn leider hatte er keine Karten bekommen. Von Deutschland aus hatte er im Reisefieber vergessen, sich darum zu kümmern, und jetzt war es zu spät. Aber die Euphorie um ihn herum war ansteckend, Jo selbst bekam schon langsam Hummeln im Hintern. Er freute sich auch ohne Tickets riesig auf die vier Wochen WM und die mitreißende Stimmung. Überall, auf den Straßen, in den Restaurants – selbst in der Schule schienen die Leute langsam von der Vorfreude angesteckt zu werden, und alle waren etwas netter zueinander.

Nur noch einige Tage, er spürte die Aufregung der Stadt und der Leute wie ein permanentes Summen im Bauch. Mittlerweile hatte auch die deutsche Nationalmannschaft in der Nähe von Johannesburg Quartier bezogen. Jo wollte auf jeden Fall zu einem Training gehen und einen Blick auf seine Helden werfen, allen voran auf die Keeper. Nach dem faszinierenden Training mit Jimmy konnte er sich noch besser in die Köpfe der Profi-Keeper hineinversetzen und würde das nächste Spiel der Nationalmannschaft mit ganz anderen Augen verfolgen. Bei dem Gedanken wurde sein Herz für einen Moment ganz schwer. Sein Torwartvorbild Robert Enke würde nicht mehr dabei sein, denn er hatte sich vor einem halben Jahr das Leben genommen. In Jos Augen war Enke immer der perfekte Torwart gewesen, dessen katzenhafte Bewegungen er versucht hatte, nachzuahmen. Nach einem Spiel hatte Jo ein Autogramm von ihm ergattern können. Das Autogramm hatte Jo immer gehütet wie einen Schatz. Seit letztem November hing es gerahmt in seinem Zimmer, und zumindest in seinem Herzen würde Enke die Nummer eins im deutschen Tor bleiben.

Jo wartete an der Auffahrt. Es war schon kurz nach halb vier. Was, wenn Jimmy gar nicht kommen würde? Vielleicht hatte er ihn auch vergessen? Oder war er beim Training nicht gut genug gewesen, und Jimmy wollte ihn gar nicht mehr dabei haben? Hatte er es sich nur eingebildet, dass Jimmy ihn gelobt hatte? Vielleicht hielt er ihn ja auch für einen Loser, der nur ganz zufällig diesen einen guten Ball gehalten hatte?

Auch wenn Jo erst ein einziges Mal an dem Training von Jimmy teilgenommen hatte, und auch wenn die Spieler in der Mannschaft alles andere als freundlich zu ihm gewesen waren, hatte es ihm doch riesigen Spaß gemacht, endlich wieder den Ball in der Hand und am Fuß zu spüren. Bei dem Training war ihm so richtig bewusst geworden, wie sehr er das Fußballspielen vermisst hatte. Schließlich hatte er in Berlin *ständig* gespielt. Egal, was die anderen von ihm dachten, er würde es ihnen schon zeigen. Wenn Jimmy ihn noch mal mitnehmen würde. Jo spürte, wie sich sein Magen verkrampfte und sich ein dicker Kloß in seinem Hals bildete. Dieses Training war sein einziger Lichtblick in Johannesburg. Die Zeit hatte gar nicht vorübergehen wollen, und Jo hatte die Stunden bis zum nächsten Training gezählt. Alles umsonst?

Um Viertel vor vier kam Jimmy um die Ecke gebraust und öffnete noch im Fahren die Tür.
„Hi Jo, komm, spring rein! Sorry, ich bin etwas spät dran, aber ich wurde aufgehalten. Oh Mann, ich bin sonst nie zu spät, die Mannschaft wird sich Sorgen machen."
Jo stieg in den Wagen. Jimmy wirkte irgendwie verstört und war heute gar nicht gesprächig. Immer wieder klopfte er nervös mit seinen Fingern auf das Lenkrad, schüttelte fassungslos den Kopf und

seufzte erschüttert. Jo fragte sich, was wohl mit ihm los sei, traute sich aber nicht zu fragen. So fuhren sie schweigend zum Orlando Stadion, wo die Mannschaft sie schon vor den Toren erwartete.
Jimmy stieg aus und rief: „Sorry, Chiefs, ich habe mich verspätet. Ich erkläre es euch nach dem Training, jetzt lasst uns erst einmal schnell anfangen!“

Erleichtert trabten die Spieler ins Stadion und begannen mit dem Warmlaufen. Jo lächelte Malaika zaghaft an, als diese an ihm vorbeikam. Sie bedachte ihn aber nur mit einem funkelnden Blick und lief wortlos an ihm vorbei.
„Dann halt nicht“, dachte Jo trotzig.
Er kam an dem Jungen ohne Schuhe vorbei, der Einzige, der bei seinem ersten Training mit ihm gesprochen hatte, und lächelte ihn an.
„Hi Aka“, sagte Jo und hob grüßend die Hand.
„Hi“, sagte Aka und verzog schmerzvoll das Gesicht.
Jo wurde langsamer und trabte neben Aka her, der vorsichtig einen Fuß vor den anderen setzte.
„Kann ich dir helfen?“, fragte Jo vorsichtig, weil er Aka nicht zu nahe treten wollte.
„Nee, lass mal, ist schon alles o.k.“, sagte Aka unwirsch und lief, um Haltung bemüht, weiter.
„Was ist denn los, bist du umgeknickt?“, wollte Jo es nun aber genauer wissen.
Aka seufzte genervt, offensichtlich war ihm das Ganze vor Jo ziemlich unangenehm.
„Lass mich in Ruhe, das sind Probleme, die du nicht verstehst“, sagte er kurz angebunden und senkte niedergeschlagen den Kopf.
Jo spürte eine Welle des Mitleids in sich aufsteigen und schämte sich plötzlich für das, was er war: ein reiches, verwöhntes Weichei. Aka hatte recht, Jo würde seine Probleme wohl nie verstehen. Dazu war seine Welt viel zu weit von dieser Welt, von einem Leben in Soweto, wie Aka es führte, entfernt.

Trotzdem wollte er das Gespräch mit ihm jetzt nicht einfach aufgeben, denn er fand diesen Jungen mit den lustig wippenden Haaren nett und wünschte sich, dass sie vielleicht Freunde werden könnten.
„Wenn du dir den Fuß verknackst hast, habe ich eine ziemlich gute Stütze in meiner Sporttasche“, unternahm er einen neuen Anlauf.

Aka seufzte resigniert. „Nee, mich hat eine Regenspinne unter den Fuß gebissen, und das tut einfach höllisch weh, wenn ich auf einen Stein trete."

Jo sah auf den Boden, es war ihm noch gar nicht aufgefallen, dass zwischen den Grasbüscheln Kiesel und spitze Steine lagen. Igitt, Spinnen, mit denen hatte er ja überhaupt nichts am Hut. Er wusste gar nicht, dass es in Südafrika Spinnen gab, die beißen konnten. Er bekam eine Gänsehaut.

„Regenspinnen?", fragte er betont cool, „was sind das denn für Viecher?"

„Die heißen so, weil sie keinen Regen mögen und bei Regen in den Häusern Zuflucht suchen", erklärte Aka.

„Gut, dass es hier nicht so viel regnet", dachte Jo, und nahm sich trotzdem vor, das Fenster in seinem Zimmer nie wieder aufzumachen.

„Die sind eigentlich ganz harmlos", fuhr Aka ungerührt fort, „aber wenn man sie ärgert, werden sie sauer, und dann beißen sie schon mal zu." Er grinste gequält und starrte angestrengt auf den Boden, um spitzeren Steinen auszuweichen.

Jo folgte seinem Zickzackkurs. „Was hast du denn gemacht, dass du die Regenspinne geärgert hast?", fragte er neugierig.

„Ach Mann, das war total bescheuert", Aka zog eine komische Grimasse. „Meine Lehrerin ist echt eine nervige Ziege, und ich wollte ihr eins auswischen, weil sie mich nach der Schule noch vollgelabert hat, ich müsste besser aufpassen und so. Deswegen bin ich nämlich zu spät zum Training gekommen und habe nicht ..." Aka verstummte und kickte zornig einen größeren Stein weg, verzog aber sofort das Gesicht und hüpfte auf einem Bein.

„Egal. Auf jeden Fall wollte ich eine Regenspinne in ihr Pult setzen und sie damit gehörig erschrecken. Miss Spike, so nennen wir sie, kriegt nämlich schon eine Krise, sobald eine Spinne ein paar Haare an den Beinen hat. Und Regenspinnen sind ganz schön haarig und ganz schön groß, größer als eine Hand. Deswegen wollte ich zu Hause eine fangen, die ich unter meinem Bett gesehen hatte. Mein Bruder hat sie hervorgescheucht, und ich wollte sie in einen Karton sperren. Aus Reflex, bestimmt vom Fußball, habe ich dämlicherweise meinen Fuß in ihren Weg gestellt, um sie aufzuhalten. Leider war sie aber zu schnell, und ich bin voll auf sie drauf getreten – und dabei hat sie mich gebissen."

Jo war bei der Geschichte ganz schlecht geworden. Eine Spinne, größer als seine Hand? Plötzlich guckte auch er angestrengt auf den Boden. Aka sah seinen Blick und musste grinsen.
„Keine Sorge, hier ins Stadion kommen keine Regenspinnen. Überhaupt halten sie sich eigentlich eher von Menschen fern. Man sieht sie nur drinnen, wenn es regnet." Jo beschloss trotzdem, zu Hause erst einmal unter seinem Bett nachzusehen.
„Außerdem gefällt es den Spinnen bei uns im schmuddeligen Soweto eh besser als in euren sauberen Vororten", fügte Aka noch etwas schnippisch hinzu und sog im selben Augenblick scharf die Luft ein. Als er Jo angeschaut hatte, war er wieder auf einen Stein getreten.
„Warte mal", sagte Jo und setzte sich auf den Rasen. Er zog seine Schuhe aus und reichte sie Aka.
„Hier, zieh meine Schuhe an", sagte er und hielt Aka seine Adidas-Turnschuhe hin, „für mich als Torwart sind meine Handschuhe wichtiger als meine Turnschuhe."

Aka starrte die Schuhe an. In seinem Blick erkannte Jo eine Sehnsucht, die er noch nie bei einem Menschen gesehen hatte. Er fühlte plötzlich den ganz dringenden Wunsch, diesem Jungen, der wahrscheinlich sein Leben lang barfuß über den Platz gelaufen war, seine Schuhe zu schenken. Es war ihm egal, dass er die Schuhe erst zu Weihnachten bekommen hatte und seine Mutter sie ihm eigentlich nicht hatte schenken wollen, weil sie 150 Euro für ein Paar Turnschuhe völlig übertrieben fand.
Aka hatte den Blick nicht von den Schuhen genommen. Er schloss die Augen, atmete tief ein und wieder aus und sagte kurz: „Nein, danke, aber das ist echt nett von dir." Er drehte sich um und lief humpelnd über das Spielfeld.
Jo nahm seine Schuhe in die Hand und lief ihm hinterher. „Hey, das ist echt kein Problem, ich schenke sie dir. Ich habe zu Hause noch so ein Paar rumstehen", flunkerte er. Es war ja nicht ganz gelogen, denn zu Hause hatte er noch das Paar Sneakers, das er in der Freizeit trug. „Und wer zum Teufel braucht schon zwei Paar Turnschuhe?", fuhr er betont lässig fort.
Aka blieb stehen.

„Bitte, Aka, ich gebe sie dir wirklich gern", sagte Jo schließlich und sah Aka fest in die Augen. Er hielt ihm nochmals die Schuhe hin.
Aka zögerte noch immer.
„O.k., ich kann sie ja für dieses Training mal anziehen", sagte er langsam und nahm Jo zaghaft die Schuhe ab. Er hielt sie in den Händen wie zwei zerbrechliche Mingvasen von unschätzbarem Wert. Jo musste unwillkürlich lächeln, riss sich aber sofort zusammen, damit Aka nicht das Gefühl bekam, er lachte ihn aus.

Vorsichtig zog Aka an den Schnürbändern, die Jo nachlässig beim Ausziehen gar nicht geöffnet hatte, und beobachtete konzentriert, wie sich die Bänder durch die Knoten zogen. Er streichelte über das glatte Leder und befühlte die weiche Innensohle. Jo schämte sich etwas für seine schwitzigen Füße, aber Aka schien es gar nicht zu bemerken, dass die Schuhe von innen etwas feucht waren.
„Welche Schuhgröße hast du denn eigentlich? Wahrscheinlich sind sie etwas groß für dich", sagte Jo und stellte seinen Fuß neben den von Aka. Sein Fuß war bestimmt zwei Zentimeter länger.
„Schuhgröße? Keine Ahnung", antwortete Aka geistesabwesend und versuchte vergebens, seine Füße notdürftig vom Schmutz zu befreien. Dann stieg er bedächtig in die Schuhe. Er bückte sich und knotete unbeholfen an den Schnürbändern herum.
Es dauerte eine Weile, bis Jo kapierte, dass Aka nicht wusste, wie man einen Schnürsenkel zuband.
Er kniete sich vor Aka hin und versuchte, mit einem Scherz ihrer beider Verlegenheit zu verbergen: „Stets zu Diensten, der Herr!", blödelte er, und band zwei doppelte Schleifen.

Dann blickte er auf und sah, dass in Akas Augen Tränen standen.

Kapitel 7

Aka

Aka hatte das Gefühl, auf Wolken zu laufen. Ungläubig schaute er auf seine Füße. Berührte er überhaupt noch den Boden? Er machte versuchsweise ein paar Schritte und hüpfte wie eine Diski-Tänzerin von einem Bein aufs andere. Was war das für ein herrliches Gefühl! Er dachte an das Werbeplakat, das er jeden Morgen auf dem Weg zur Wasserstelle sah. Kein Wunder, dass der darauf abgebildete Sportler so große Schritte machen konnte, mit solchen Schuhen fühlte man sich ja tatsächlich, als hätte man Flügel!

Aka trabte los und genoss jeden Schritt. Mit diesen Schuhen würde er über das Spielfeld fliegen, jetzt konnte ihn niemand mehr aufhalten. Nun konnte Malaika noch so steile Pässe spielen, er würde immer zur Stelle sein. Aka sah zu Jo. Erst jetzt bemerkte er, dass Jo etwas unrund lief und nun seinerseits den Boden nach spitzen Steinen absuchte. Aka grinste.
„Das hast du nun davon", sagte er scherzend und klopfte Jo auf die Schulter. Dann wurde er ernst. „Danke, Mann."
Jo lächelte ihn an und nickte. Er holte Luft und wollte noch etwas sagen, aber da erscholl Jimmys Stimme über den Platz.
„Kommt mal alle zusammen, bitte!" Jimmy ruderte mit den Armen, um seine Schützlinge um sich zu scharen. „Ich habe eine Überraschung für euch." Die Spieler kamen und zusammen und schauten ihn erwartungsvoll an.
„Der Trainer von den Orlando Pirates hat mich gestern angerufen und gefragt, ob wir morgen ein Trainingsspiel gegen sie machen wollen", sagte Jimmy. „Ich habe ihm gesagt, ich weiß nicht, ob meine Mannschaft sich traut, gegen seine Jungs anzutreten", mit einem Zwinkern blickte Jimmy in die Runde und erntete laute Buhrufe und böse Gesichter.
„Was? Wie? Wollt ihr etwa doch?", rief er, ungläubiges Staunen vortäuschend.
„Jaaa! Die kriegen was auf die Mütze, diese Penner!", rief Tau und reckte zwei Fäuste in die Luft.
Mandla tanzte um Aka herum. „Natürlich wollen wir, die Pirates sind immer das richtige Futter für uns!", brüllte er.

„Logisch, Mann, die können was erleben!“, riefen Welson wie aus einem Munde und gaben jedem in der Mannschaft fünf.
„Was? Wer von uns würde denn jemals kneifen?“, schrie Malaika und trat gegen einen Ball. „Pirates, zieht euch warm an, morgen bekommt ihr eine Packung!“
„Na gut, dann lasst uns das Training noch ordentlich nutzen, um für morgen fit zu sein“, rief Jimmy in das allgemeine Durcheinander. „Bitte zu zweit an die Bälle!“
Aka schnappte sich einen Ball und kickte ihn zu Jo.

Das Training war wunderbar. Aka genoss jede Sekunde. Mit Schuhen war er plötzlich genauso groß wie Malaika und konnte ihr im Trainingsspiel, das sie diesmal auf gegnerischen Seiten bestritten, besser Paroli bieten. Überhaupt ging es viel besser, anderen den Ball abzunehmen, wenn er dabei nicht immer darauf achten musste, dass seine Füße nicht unter den Schuhen des Gegners landeten. Die weiche Federung der Schuhe ließ ihn wie einen Pfeil über das Spielfeld schnellen, sodass die Mitspieler Mühe hatten, ihm zu folgen. Häufig fand er sich verlassen mit dem Ball vor dem Tor wieder, und es gab niemanden, an den er den Ball hätte abspielen können. So stürmte er allein bis zum gegnerischen Tor vor und hämmerte auf den Ball ein, was das Zeug hielt. Mit Schuhen hatte er einen viel härteren Schuss als sonst und versetzte den armen Uuka in Angst und Schrecken.
Aka war glücklich. Er hätte für den Rest seines Lebens so weiterspielen können. Doch viel zu schnell war das Training vorbei, und Jimmy versammelte seine Schützlinge um sich.
„Aka, das war ein klasse Spiel heute von dir, mach weiter so!“ Jimmy zwinkerte ihm verschmitzt zu.
„Lindani, das gefiel mir heute bei dir viel besser als letzte Woche. Wenn du jetzt noch etwas schneller wirst, ist das prima!“ Lindani lächelte schüchtern.
„Mandla, das war super, so will ich dich immer sehen!“ Jimmy klopfte Mandla auf die Schulter, der vor Freude strahlte.

Dann verschwand Jimmys Lächeln, und er wurde sehr ernst. „So, jetzt setzt euch alle mal hin, ich muss mit euch reden, es ist nämlich etwas wirklich Schlimmes passiert.“

Die Spieler ließen sich auf den Rasen nieder und sahen ihn gespannt an.
Jimmy holte tief Luft und sah in die Runde. „Gestern Abend ist aus den Büros der FIFA neben dem Soccer City Stadion der Weltpokal gestohlen worden.“ Alle starrten ihn fassungslos an.
„Der was?“, fragte Tau, schwer von Begriff.
„Der Weltpokal, du Hirni!“, rief Malaika. „Das ist der Pokal der Weltmeisterschaft. Der Pokal der Pokale, verstehst du? Das Ding, weswegen hier der ganze Aufriss stattfindet.“
„Genau“, sagte Jimmy, „das Ding, weswegen hier der ganze Aufriss stattfindet. Ihr könnt euch also vorstellen, was bei der FIFA und im Büro des südafrikanischen Fußballverbandes los ist.“
„Wie ist das denn passiert, war der Weltpokal nicht bewacht?“, fragte Kafil verwundert.
„Hat jemand irgendwas gesehen?“, fragte ein Welson.
„Ach“, seufzte Jimmy, „nicht viel. Es waren natürlich zwei Wachmänner vor der Tür des FIFA-Büros abgestellt, um auf den Pokal aufzupassen. Aber einer war gerade mal gemütlich Kaffee holen, als der andere niedergeschlagen wurde. Als der zweite Wachmann wiederkam, war der Pokal weg. Er hat sich natürlich erst einmal um seinen Kollegen gekümmert, und als er dann rauskam, war niemand mehr weit und breit zu sehen. Der einzige Hinweis ist eine Kette mit einem Symbol darauf, so etwas wie zwei Fäuste, die gegeneinander schlagen. Kann man aber auch nichts mit anfangen. Nicht zu fassen, da geht einer einfach mal Kaffee holen!“

Aka runzelte die Stirn. Hatte er nicht kürzlich ein solches Faust-Symbol gesehen? Die Erinnerung daran war ganz verschwommen. Da würde er später nochmal genauer drüber nachdenken müssen. Erst einmal fragte er sich, wer so dreist sein konnte, den zurzeit wertvollsten Gegenstand auf südafrikanischer Erde zu stehlen. „Das ganze Land versucht, die WM zu einem Erfolg zu machen, und dann machen solche Idioten alles kaputt!“, sagte er aufgebracht.
„Genau das ist der Punkt“, sagte Jimmy. „Die FIFA hat höllische Angst, dass dieser Vorfall ein schlechtes Bild auf die gesamte Organisation der Weltmeisterschaft werfen könnte. Im Vorfeld der WM wurde genug darüber spekuliert, ob Südafrika es hinbekommen würde, ein solches Ereignis auszurichten. Auf der ganzen Welt hat man

daran gezweifelt, weil niemand den Südafrikanern so etwas Großes zutraut!" Jimmy redete sich in Rage, an seinem Hals trat eine dicke Ader hervor, sein Kopf war ganz rot geworden.
„All die Schwarzseher haben vorausgesagt, die Stadien würden nicht fertig werden – und: Guckt euch um, und ob die Stadien fertig sind! Dann wurde daran gezweifelt, ob die Straßen fertig würden – und: die Straßen sind fertig! Auch das öffentliche Verkehrssystem funktioniert bestens, das hat ja ebenfalls niemand für möglich gehalten. Aber keiner kam auf die Idee, dass der Weltpokal in den Büros des südafrikanischen Fußballverbandes nicht sicher sein würde!" Jimmy ließ die Schultern hängen und schüttelte den Kopf.
„Stellt euch dieses Desaster vor, die WM beginnt, und der Weltpokal ist nicht da! Das ist undenkbar, es kann keine WM ohne den Weltpokal geben!" Verzweifelt fasste er sich an den roten Kopf und verbarg das Gesicht hinter seinen Händen. Dann seufzte er, holte tief Luft und richtete sich gerade auf, als wollte er sich für einen Kampf bereit machen.
„O.k., Chiefs", sagte er gefasst, „ich wollte euch das nur schon einmal mitteilen, morgen weiß es eh die ganze Stadt, ach, was sage ich, die ganze Welt wird es morgen wissen! Ich muss jetzt los. Ich treffe mich noch mit einigen Fußballfunktionären hier in den Büros der Kaizer Chiefs, wir wollen beraten, was zu tun ist. Am Soccer City Stadion kann sich von der FIFA momentan niemand blicken lassen, denn da ist die Hölle los, da wimmelt es vor Schaulustigen und Reportern."

Er wandte sich an Jo. „Jo, sorry, wartest du einen Moment auf mich? Es dauert bestimmt nicht lange, und dann fahre ich dich nach Hause. Hier hast du schon mal den Schlüssel, setz dich doch ins Auto und hör etwas Musik." Er warf Jo die Schlüssel zu. „Aber verriegle die Türen von innen, hörst du?"
„Klar, kein Problem", antwortete Jo mit einem mulmigen Gefühl im Magen.
Jimmy verabschiedete sich von seinen Schützlingen und ging zum Bürogebäude hinüber.
Nachdem sich die Mannschaft noch einige Minuten aufgeregt über das Verschwinden des Weltpokals ausgelassen hatte und man gemeinsam gerätselt hatte, wie es jetzt wohl weitergehen würde, mach-

ten sich die Spieler auf den Heimweg. Draußen wurde es langsam dunkel, und die meisten hatten noch einen weiten Fußmarsch vor sich.
Aka und Jo blieben zurück. Aka machte Anstalten, die Turnschuhe auszuziehen, aber Jo sagte: „Behalte die Treter, ich werde ja von Jimmy nach Hause gefahren. Und zum nächsten Training ziehe ich meine anderen Turnschuhe an. Du hast heute echt klasse gespielt, ich glaube, meine Schuhe bringen dir Glück. Außerdem hast du dann auf dem Heimweg keine Probleme mit deinem Spinnenbiss“, sagte er und erschauerte wieder bei dem Gedanken an diese ekligen Regenspinnen.
Aka schaute ihn ungläubig an. War dieser komische Deutsche mit dem seltsamen Namen und den gelben Haaren jetzt völlig durchgeknallt? Aka hatte keine Ahnung, was ein solches Paar Turnschuhe kostete, aber Schuhe, die so weich waren, mussten ein Vermögen wert sein, wahrscheinlich mehr als er sich vorstellen konnte. Das konnte er nicht annehmen.
„Ist schon o.k., ich habe ja meine Gummisandalen noch hier, die sind völlig o.k. für den Heimweg“, sagte er schweren Herzens zu Jo und sah wehmütig auf seine Füße in den weißen Turnschuhen.
„Nix da“, sagte Jo bestimmt, „du behältst die Schuhe und damit basta! Komm, lass uns noch eine Runde kicken – wenn du Lust hast. Oder musst du schon nach Hause?“

Aka zögerte. Konnte er diese Turnschuhe wirklich annehmen? Es schien Jo ja tatsächlich ernst damit zu sein. Und er wollte ihn natürlich auch nicht vor den Kopf stoßen. Dann konnte er jetzt aber auch nicht gleich nach Hause gehen, auch wenn seine Mutter bestimmt schon auf ihn wartete. Sie würde ihn also zweimal umbringen. Zum einen, weil er zu spät nach Hause kommen würde, zum anderen, weil er plötzlich so teure Turnschuhe anhatte. Aber andererseits hatte seine Mutter ihm beigebracht, dass es unhöflicher sein konnte, ein Geschenk abzulehnen, als eines anzunehmen. Sie hatte gesagt, es könne den Schenkenden sehr kränken, wenn man seinen guten Willen und den Wunsch, etwas Gutes zu tun, nicht akzeptiere. Er würde seine Mutter zu Hause einfach noch einmal um Rat fragen.
„O.k.“, sagte er und sprang auf, „ich muss aber meine Mutter noch fragen, ob das klargeht mit den Turnschuhen.“ Er reichte Jo die Hand

und zog ihn hoch. „Danke, Jo, du bist echt in Ordnung", sagte er mit einem breiten Grinsen und drückte Jos Hand fest zusammen. Dann mischte sich ein schelmisches Blitzen in seine dunklen Augen. „Und jetzt komm, mal sehen, was du ohne Schuhe beim Fußball drauf hast, wenn du dich nicht in deinem Tor verstecken kannst!"
Er schnappte sich den Ball und rannte vor das Stadion zum fahlen Licht einer Straßenlaterne. Im Stadion wurde es wegen der hohen Ränge schon dunkel. Die Kaizer Chiefs Youths mussten zusehen, dass sie vor Einbruch der Dunkelheit trainierten, denn die Lichtanlage wurde im Orlando Stadion nur für die erste Mannschaft der Kaizer Chiefs aus der *Premier Soccer League* angeworfen.

Jo folgte ihm, den Blick aufmerksam auf den Boden mit den vielen spitzen Steinchen geheftet. Aka spielte ihm den Ball zu und tänzelte spielerisch von einem Bein auf das andere. Er genoss jede Bewegung in diesen Schuhen und betete eindringlich, dass seine Mutter zustimmen würde und er die Schuhe behalten durfte. Dann würde er seine ausgelatschten Gummisandalen im hohen Bogen über den Zaun werfen und diese Turnschuhe nie wieder ausziehen.
Er grinste in sich hinein, als er Jo über die Straße laufen sah. Jedes Mal, wenn er auf einen kleinen Stein trat, zuckte er vor Schmerz zusammen und hüpfte ein paar Meter auf einem Bein weiter. Aber eigentlich hielt er sich ganz gut, fand Aka, und vor allem machte er kein Geschrei, das war ihm sehr sympathisch. Überhaupt musste er sich eingestehen, dass er diesen Jo ganz nett fand. Noch nie hatte er erlebt, dass ihm ein fremder Mensch etwas geschenkt hatte, geschweige denn ein Weißer seine Schuhe!
Aber bislang hatte Aka Weiße auch immer nur aus der Ferne gesehen und hatte sich mit keinem jemals richtig unterhalten. Bis auf Jimmy, natürlich. Allerdings wurde Jimmy in Soweto auch nicht mehr als Weißer angesehen, sondern war mittlerweile einer von ihnen.
Aber die anderen Weißen, denen man täglich begegnete, schienen Aka so unnahbar, es war undenkbar, ein Wort mit ihnen zu wechseln. Dafür gab es einfach keinen Anlass und keine Berührungspunkte. Und auch wenn es Berührungspunkte gab, hieß das nicht unbedingt, dass man miteinander sprach. Akas Mutter hatte vor einiger Zeit in einem Vorort von Johannesburg bei einer weißen Familie im Haushalt geholfen und Aka in den Schulferien manchmal mitgenommen.

Die Leute waren zwar freundlich gewesen, aber mehr als ein paar Höflichkeitsfloskeln hatten weder seine Mutter noch er mit ihnen gewechselt. Was hatten sich Menschen aus so unterschiedlichen Welten auch schon groß zu erzählen?

Als Jo ihm einen harten Pass zuspielte, richtete Aka seine Gedanken wieder auf das Spiel. Mit federnden Schritten nahm er Anlauf und trat mit Schmackes gegen den Ball. Er traf den Ball genau mittig. Mit einem satten Geräusch verließ der Ball seinen Fuß und flog im weiten Bogen über Jo hinweg. Ups, er musste sich wohl erst daran gewöhnen, dass er mit den Schuhen einen viel härteren Schuss hatte und mehr Gefühl hinein legen, wenn er den Ball platziert spielen wollte. Der Ball sprang ein paar Mal auf der Straße auf und kullerte schließlich seitlich von der Straße herunter.
„Oh nein", dachte Aka, als er sah, dass der Ball direkt auf den alten Schuppen zusteuerte. Wenn sich die *Outsiders* wieder dort herumtrieben, würden sie den Ball nie wiedersehen.
Jo war bereits losgelaufen, um den Ball zu holen, und sauste hüpfend und schlingernd die Straße entlang, Steinen und Glasscherben ausweichend. „Nein, Jo, warte!", schrie Aka und hatte plötzlich ein kaltes Gefühl im Nacken. Wenn Yera und seine Kumpels Jo zu Gesicht bekämen, würden sie ihn sich vorknöpfen. Einen Weißen in ihrem Bezirk von Soweto würden sie nicht ungeschoren davonkommen lassen. Dann würde Jo am heutigen Abend nicht nur keine Schuhe mehr haben, sondern auch noch den Rest seines schicken Fußballdresses verlieren. Und dabei würden sie nicht zimperlich mit ihm umgehen.
Aka rannte hinter Jo her. „Nein, Jo, warte!", rief er noch einmal, Panik in der Stimme.

Doch Jo hörte ihn nicht mehr.

Kapitel 8

Jo

Jo sprintete hinter dem Ball her, der Wind sauste in seinen Ohren. Das war eine ganz schön bescheuerte Idee gewesen, Aka seine Schuhe zu geben. Mittlerweile brannten seine Fußsohlen wie Feuer. Auf der Straße lagen nicht nur unzählige spitze Steine herum, sondern auch Glasscherben und jede Menge anderer Müll. Mit großen Sprüngen wich er Schrauben, Kronkorken und kleinen Ästen aus. Er hatte noch nie darüber nachgedacht, was für eine großartige Erfindung Schuhe doch waren. Auch hatte er sich noch nie vorgestellt, wie es wäre, keine zu besitzen und Tag für Tag barfuß laufen zu müssen.
Er nahm sich fest vor, zu Hause seinen Schuhschrank auszumisten und all die Schuhe, die er nicht unbedingt brauchte, im Kaizershop abzugeben. Sollte er vielleicht auch an seine Fußballmannschaft in Berlin einen Brief schreiben und seinen Freunden davon erzählen, dass es hier in Südafrika Menschen gab, die keine Schuhe hatten? Bestimmt würden sie ein großes Paket schicken mit Schuhen, die sie entbehren konnten. Ja, das war eine gute Idee.

Hinter sich hörte er Aka irgendwas rufen. Wahrscheinlich hatte er ein schlechtes Gewissen, weil er ihn mit seinem irren Schuss so weit die Straße herunterschickte, und wollte ihm anbieten, dass auch er den Ball holen könnte. Zumal Aka ja nun im Gegensatz zu Jo Schuhe an den Füßen hatte. Diese Blöße wollte Jo sich aber nicht geben und ignorierte Akas Rufe. Wow, der hatte vielleicht einen Schuss drauf. Er wurde langsamer. War der Ball nicht hier irgendwo von der Straße gesprungen und nach rechts verschwunden?
Jo sah einen alten Schuppen und ging näher. Der Ball lag im Gebüsch unter einem Fenster, das vor Schmutz fast blind war. Durch die Ritze in den Holzbalken sah er Licht hindurchscheinen und hörte Stimmen von drinnen. Jo bückte sich, um den Ball aufzuheben und vernahm eine hohe Piepsestimme, die sich vor Ärger fast überschlug. „Niemand wird hier im Knast landen, jetzt bleibt doch mal cool, verdammt noch mal! Macht euch doch nicht immer gleich vor Angst in die Hose, das ist wirklich erbärmlich, wisst ihr das?“ Jo hatte bei dieser kreischenden Stimme unwillkürlich eine alte Hexe vor Augen und fragte sich, ob sie in dem Schuppen mit Hänsel und Gretel

schimpfte.
„Lasst uns jetzt alle Mal wieder runterkommen, verdammte Scheiße. Setzt euch jetzt hin und hört mir zu, ihr elenden Weicheier!“ Die Stimme war nun ein zischendes Quietschen, und Jo rückte automatisch näher an die Wand heran, um noch etwas zu verstehen. Er stellte sich auf die Zehenspitzen, um durch das Fenster zu gucken, reichte aber nicht bis an die verdreckte Scheibe heran.
„Es ist doch alles voll easy“, hörte er die Stimme, jetzt ruhiger, fortfahren. „Ich habe bei einem Kumpel von mir nachgefragt. Der hat gute Kontakte in die Kreise und konnte in Erfahrung bringen, wie der Stand der Ermittlungen ist, und ob sie schon einen Verdacht haben. Haben sie nicht, diese Schwachköpfe. Zwar versuchen sie natürlich, herauszufinden, was das Symbol auf der Kette zu bedeuten hat, aber noch wissen sie gar nichts. Und wenn wir uns ruhig und unauffällig verhalten, wird das auch schön so bleiben! Habt ihr alle eure Kette abgenommen und gut versteckt? O.k. Wir müssen noch ein paar Tage cool bleiben, bis sie nervös …“

Jo bekam fast einen Herzinfarkt, als ihm Aka von hinten auf die Schulter fasste.
„Mann, was machst du denn hier?“, zischte Aka. „Bist du verrückt? Lass uns hier sofort verschwinden!“ Aka sah sich hektisch um und zerrte an Jos Shirt.
„Warte mal“, flüsterte Jo. „Das musst du dir anhören.“
Aka lauschte nun ebenfalls.
„… und dann schlagen wir zu. Sie werden uns aus der Hand fressen, das schwöre ich euch. Dieses Ding ist mehr wert als das Gold, aus dem es gemacht ist. Denn die ganze Welt wartet auf den Moment, in dem dieses Teil hereingetragen wird, und die Affen von Organisatoren werden sich um nichts in der Welt die Blöße geben wollen, dass irgendetwas bei ihrer heiligen Veranstaltung nicht so läuft, wie sie es geplant haben. Jungs, ich schwöre euch, sie werden unsere Forderungen mit Kusshand annehmen, um ihr Goldstück wiederzubekommen!“ Die Stimme lachte. Es klang wie das Lachen einer Hyäne.
Dann wurde die Stimme eindringlicher und leiser. Aka und Jo pressten mit geschlossenen Augen ihre Ohren fester an die Wand und lauschten konzentriert.
„Denkt immer an das Leben, das danach auf uns wartet. Nur noch ein

paar Tage. Wenn wir diese reichen Knacker ausgenommen haben, werden wir in Geld schwimmen und die mächtigste Gang der Welt sein!" Die Stimme gab wieder ihr hyänenhafte Lachen von sich. „Kommt, legt alle eine Hand auf unser Goldstück und lasst uns schwören, dass wir immer zueinanderhalten und diese Sache zu einem glücklichen Ende führen werden!"

Aus dem Schuppen erklang zustimmendes Gemurmel. Nun reckte sich auch Aka vergebens ans Fenster, um etwas sehen zu können.
„Was haben die denn da wohl?", fragte Jo ihn leise.
„Keine Ahnung, aber jetzt interessiert es mich auch langsam, worum es da drinnen geht", flüsterte Aka zurück. „Heb' mich doch mal hoch, vielleicht kann ich was sehen."
Jo machte eine Räuberleiter und hievte ihn zum Fenster hoch. Aka versuchte, in dem dreckigen Fenster eine Stelle zu finden, durch die er hindurchsehen konnte, und wankte bedrohlich auf Jos Räuberleiter hin und her. Plötzlich erstarrte er und stierte wie gebannt ins Innere.
„Was ist, siehst du was?" wisperte Jo. Aka reagierte nicht. „Los, Mann, ich kann dich nicht mehr lange halten!"
Aka antwortete noch immer nicht und starrte weiter regungslos durch das Fenster. Jo stieß mit seinem Kopf gegen Akas Bein. „He, Aka, was ist denn da los?"
Jetzt reagierte Aka und sah zu ihm herunter. In seinen Augen lag ungläubiges Staunen und ein Anflug von Panik.
„Ich bin mir nicht sicher, man kann durch diese Scheibe kaum was erkennen", flüsterte er. „Aber wenn es das ist, was ich denke, dann ist das ein Hammer!"
Er sprang vorsichtig von Jos Räuberleiter herunter. „Komm, ich heb' dich mal hoch", zischte er und breitete nun seinerseits die Hände zu einer Räuberleiter.

Jo stieg hoch und starrte durch das schmutzige Fenster. Wie durch einen Nebel sah er fünf Männer im Kreis sitzen, die alle eine Hand auf einen Gegenstand in ihrer Mitte gelegt hatten. Er konnte nicht genau erkennen, was die Gestalten da so andachtsvoll berührten. War das eine Skulptur? Irgendwas Gelbes? Hatte der Typ nicht was von Gold gesagt?

Jo sah sich um und versuchte, in dem Schuppen etwas zu erkennen. Auf einem Tisch sah er undeutlich zwei Baseballschläger und ein riesiges Messer liegen.
Die piepsige Stimme erklang wieder. Jo sah, dass sie zu dem Kleinsten der Fünf gehörte, der eine dicke Narbe im Gesicht hatte, wohl der Anführer der Gang.
„Wir sind die *Outsiders*, vergesst das nicht, Leute. In Soweto haben wir das Sagen, hier nehmen wir uns, was uns zusteht. Hier machen wir die Gesetze. Niemand sonst." Der Anführer nahm seine Hand von dem Gegenstand in der Mitte und griff zu etwas, das vor ihm lag. Er führte es langsam an seine Lippen. Es erklang ein leise schmatzendes Geräusch.
„Und wer das nicht akzeptieren will, dem werden wir das schon beibringen, habe ich recht, Leute?" Zustimmendes Gelächter ertönte.
Jo brach der Schweiß aus. Ach du Scheiße, war das etwa eine Pistole, was der Typ da geküsst hatte? Er suchte nach einer Stelle in dem Fenster, die weniger verdreckt war, und spürte, wie Aka unter ihm wankte.
„Hey, hör auf damit, ich kann dich so schon kaum noch halten!", wisperte Aka. Jo sah, wie nun auch die restlichen vier Gestalten ihre Hände von dem Gegenstand in ihrer Mitte nahmen. Es war tatsächlich eine Skulptur, waren das nicht Hände, die einen Ball hielten? Jo traute seinen Augen nicht.

„O.k. Leute, lasst uns für heute Schluss machen", piepste der Kleine. „Wir gehen genauso vor wie gestern. Adam fängt mit der Wache an, ich löse ihn nach drei Stunden ab. Dann kommst du, dann du, dann du", er zeigte nacheinander auf die anderen drei Gestalten im Raum.

Jo starrte fasziniert auf die Szene und reckte sich noch mehr, um einen besseren Blick auf den Gegenstand werfen zu können. Dabei rutschte er von der Wand ab, an der er sich festgehalten hatte, und kippte mit Schwung zur Seite, sodass Aka das Gleichgewicht verlor und ihn fallenließ. Jo landete unsanft auf allen Vieren und stieß einen leisen Schrei aus.
„Pssst, bist du verrückt?", zischte Aka.
In der Scheune war es still geworden. „Habt ihr das auch gehört?", fragte eine Stimme, diesmal ein tiefer Bass.
Aka und Jo hörten schnelle Schritte, die sich der Tür näherten.

Aka warf sich hinter den Busch, in den der Ball gerollt war. Jo sprang hinter ihm her. Gebannt starrten sie auf die Tür, aus der eine große Gestalt mit breiten Schultern heraustrat.
„Hallo? Ist da jemand?“, fragte der Hüne und guckte angestrengt ins Dunkle. Jo und Aka hielten den Atem an. Jos Herz klopfte so laut, dass er fürchtete, es würde sie verraten.
„Hallo?“, fragte der Riese nochmals und ging auf das Gebüsch zu, hinter dem Aka und Jo sich versteckten. Er blieb stehen und horchte. Sein Fuß setzte nur wenige Zentimeter von Jos Hand entfernt auf.
„Und, ist da jemand?“, fragte die piepsige Stimme ungeduldig aus dem Inneren des Schuppens.
„Nee, ich kann nichts sehen. Das war bestimmt nur ein räudiger Kater“, sagte der große Typ, drehte sich um und schloss die Tür hinter sich.

Jo und Aka atmeten gleichzeitig aus. Sie warteten, bis sie von drinnen wieder Stimmen hörten.

„Jetzt aber schnell weg hier!“, zischte Aka, stand auf und sprang hinter dem Busch hervor. Jo tat es ihm gleich. Leisen Schrittes entfernten sie sich von dem Schuppen. Als sie einige Meter hinter sich gebracht hatten, hörten sie die Schuppentür wieder aufgehen. „Lauf!“, rief Aka Jo zu und raste los in Richtung Stadion. Jo sprintete so schnell er konnte hinter ihm her. Ohne es zu merken, lief er über Steine und Scherben. Er sah noch immer die vagen Umrisse einer Pistole vor sich und rannte um sein Leben. Hinter sich hörte er Stimmen wild durcheinander fluchen.
„Adam, du Idiot, nimm deine Beine in die Hand und bring mir diese Kerle!“, schrie der Kleine mit der hohen Stimme, die Jo in diesem Moment gar nicht mehr lächerlich fand.

Mittlerweile hatten Aka und Jo die Hälfte der Strecke zum Stadion hinter sich gebracht und einigen Vorsprung gewonnen. Jo versuchte, Aka einzuholen, aber der war viel schneller als er. Er drehte sich um und sah, dass der Hüne die Verfolgung aufgenommen hatte. Als er wieder nach vorne sah, war Aka verschwunden. Jo rannte planlos weiter Richtung Stadion und verfluchte Aka, dass er ihn in dieser Situation in Stich ließ. Wer hatte schließlich den blöden Ball so weit gekickt, dass er zu diesem verdammten Schuppen gerollt war?

Er lief ins Stadion und sah sich panisch um.
„Hier, Jo, hierher!“, hörte er eine Stimme von links.
Er hechtete in einen Gang hinein und stieß hart mit Aka zusammen, den er in der Dunkelheit kaum sehen konnte. Jo fluchte, doch Aka hielt ihm die Hand auf den Mund. Jo sah nur das Weiße in Akas Augen und roch seine Angst.

Sie hörten schnelle Schritte ins Stadion kommen und anhalten. Ihr Verfolger keuchte schwer. Sie konnten ihn nur als Schatten erkennen, der sich hektisch umsah. Er entdeckte den Gang und kam auf sie zu. Sie saßen in der Falle, denn die Tür hinter ihnen war abgeschlossen. Jo schloss die Augen und dachte an seine Mutter, die gar nicht begeistert davon gewesen war, dass ihr Sohn in Soweto Fußball spielte. Nach dem Abend, als Jimmy bei ihnen zu Besuch gewesen war und ihm von den Kaizer Chiefs Youths erzählt hatte, hatte Jo vor Aufregung nicht schlafen können und eine Diskussion seiner Eltern gehört. Es sei viel zu gefährlich für einen Weißen in Soweto, hatte seine Mutter gesagt, schließlich gäbe es dort noch immer viele Kriminelle. Sie wolle ja, dass Jo auch in Südafrika Fußball spielt, aber warum denn ausgerechnet in Soweto? Jos Vater hatte sie beruhigt und gesagt, dass Jimmy schließlich auch seit vielen Jahren in Soweto ein- und ausginge und ihm noch nie etwas zugestoßen sei. Er würde schon auf Jo aufpassen. Das hatte seine Mutter schließlich beruhigt.

Und nun, dachte Jo traurig, würde er genau hier in Soweto von einem Kriminellen erledigt werden.
Da vernahm er plötzlich eine vertraute Stimme. „Guten Abend, kann ich dir weiterhelfen?“, fragte Jimmy, der mit einigen anderen Männern über den Platz kam und dabei auf ihren Verfolger gestoßen war.
„Äh, wie? Was? Nein, danke. Äh, also, ich bin auf der Suche nach meinem Fußball, der muss hier irgendwo sein“, sagte der *Outsider*.
„Tut mir Leid, ich sehe hier keinen Ball, und ich fürchte, du musst jetzt gehen, da wir das Stadion abschließen wollen“, sagte Jimmy freundlich, aber bestimmt, und nahm den Hünen am Arm. „Komm doch morgen wieder, dann gucken wir gemeinsam nach deinem Ball. Jetzt sieht man im Dunkeln sowieso nichts mehr.“
Widerwillig ließ sich der große Kerl von Jimmy aus dem Stadion führen. Dabei drehte er sich immer wieder um und starrte in die Richtung, in der er seine Opfer vermutete.

Jo und Aka sahen sich an. Langsam nahm Aka seine Hand von Jos Mund. Sie ließen sich an der kalten Betonwand zu Boden gleiten. Jo zitterte. Obwohl er fror, war er schweißgebadet. Auch Aka standen Schweißperlen auf der Stirn.
„Meinst du, sie kommen wieder?“, fragte Jo ängstlich und rieb sich die wunden Füße.
„Keine Ahnung“, sagte Aka. „Ich hoffe nicht.“ Er wischte sich über die Stirn. „Ich kenne die Jungs nämlich. Und sie kennen mich. Ich kann wirklich nur hoffen, dass sie mich nicht erkannt haben. Denn wenn doch, dann …“ Aka verstummte. Von draußen hörten sie Jimmy, der ihre Namen rief.
Jo sah seinen neuen Freund an und war erschrocken über die Furcht in seinen dunklen Augen.
„Dann was?“, fragte Jo mit tonloser Stimme.

„Dann bin ich tot“, sagte Aka.

Kapitel 9

Aka

Als Aka nach Hause kam, wartete seine Mutter schon an der Tür. Jimmy hatte darauf bestanden, ihn nach Hause zu fahren, denn es war schon dunkel geworden. Aka hatte das Angebot dankbar angenommen, denn um nichts in der Welt wollte er heute noch einmal den *Outsiders* begegnen und ihren Verdacht auf sich lenken. Wenn sie ihn nicht eh schon erkannt hatten. Im Auto hatten sich Aka und Jo auf der Rücksitzbank ganz klein gemacht, als sie an dem Schuppen vorbeigefahren waren, um bloß nicht gesehen zu werden. Jimmy hatte gefragt, was denn los sei und sie argwöhnisch im Rückspiegel beobachtet, aber glücklicherweise nicht weiter nachgebohrt.

Als Aka aus dem Auto sprang, stemmte seine Mutter die Hände in die Hüften und holte tief Luft. Auweia, das würde Ärger geben. Seine Mutter machte sich immer große Sorgen, wenn er im Dunkeln unterwegs war, weil ihrer Meinung nach in Soweto an jeder Straßenecke Gefahren lauerten. Die größte Gefahr, die Aka sich vorstellen konnte, war jedoch seine wütende Mutter selbst.
„Akani, wo kommst du jetzt erst her?“, schrie sie außer sich vor Wut. „Weißt du, was ich mir für Sorgen gemacht habe? Ich habe schon die ganze Nachbarschaft in Aufruhr versetzt!“, sie packte ihn mit der einen Hand am Arm und erhob drohend die andere.
„Guten Abend, Mrs. Mabena.“ Jimmy war ebenfalls ausgestiegen. „Entschuldigen Sie, dass Aka so spät nach Hause kommt. Ich habe ihn gebeten, mir nach dem Training noch behilflich zu sein. Wir haben einen neuen Mitspieler, Jo“, Jimmy zeigte auf Jo im Auto, der sich die Nase an der Fensterscheibe plattdrückte, ungläubig auf die dicke schwarze Frau vor der armseligen Hütte starrte und nun etwas lahm durchs Fenster winkte, „der noch etwas Nachhilfe brauchte. Und da Akani mein bester Spieler ist, habe ich ihn gebeten, mit Jo nach dem Training noch etwas zu üben.“ Jimmy flunkerte, ohne auch nur ein bisschen rot zu werden. Aka musste fast grinsen, hätte er nicht Angst gehabt, seine Mutter hätte es sehen können.
„Er wollte ja eigentlich erst nicht, weil er sagte, er müsse nach Hause. Dann habe ich ihn aber mit einer Packung Vitamintabletten bestochen“, fuhr Jimmy fort, holte eine Packung aus dem Auto und gab

sie Akas Mutter, die sie wie einen Schatz in den Händen hielt. „Und jetzt hätte er sie fast vergessen!“, fügte er kopfschüttelnd hinzu und warf Aka einen gespielt vorwurfsvollen Blick zu.
Er ging zum Auto, drehte sich noch einmal um und sagte: „Gute Nacht, Mrs. Mabena, gute Nacht Akani“, dann stieg er ein und ließ den Motor an.

Als er davonbrauste, zwinkerte er Aka zu und winkte einmal kurz. Aka winkte lächelnd hinter dem Auto her und ging in die Hütte.
Seine Mutter war in der Küche und machte ihm etwas zu essen warm. Die anderen hatten schon längst gegessen. Aka blieb abwartend in der Küchentür stehen. Sicher war sicher. Seiner Mutter war schon öfter mal die Hand ausgerutscht, wenn sie sich aufregte, da war es besser, man wahrte etwas Sicherheitsabstand. Und da sie seit Jimmys bühnenreifem Auftritt noch keinen Ton von sich gegeben hatte, konnte er ihre Laune noch nicht recht einschätzen.
Auf dem Tisch löste sich bereits eine Vitamintablette zischend in einem Glas Wasser auf. Aka beobachtete die sprudelnden, zuckenden Bewegungen der Tablette, die kreuz und quer durch das Glas tanzte.
„Tut mir Leid, Ma“, sagte er möglichst zerknirscht zu dem steifen Rücken seiner Mutter, die in dem großen Topf mit Maisbrei rührte. Der Rücken antwortete nicht. Aka seufzte. Er hatte gehofft, dass Jimmys Ablenkungsmanöver mit den Vitamintabletten geholfen hätte, seine Mutter milde zu stimmen.
„Wo hast du die Schuhe her?“, fragte der Rücken.
Aka war sprachlos. Seine Mutter hatte ihn doch die ganze Zeit kaum angeguckt, wie konnte sie denn da seine Füße gesehen haben?
„Die hat mir Jo geschenkt. Der Junge, der gerade bei Jimmy im Auto saß. Dem ich Nachhilfe gegeben habe“, sagte er und schickte ein Stoßgebet zum Himmel, dass seine Mutter nicht gleich ausflippen würde.
„Wieso sollte ein weißer Junge dir seine Schuhe schenken?“, fragte der Rücken weiter.
„Weil er nett ist“, sagte Aka schlicht. „Ich habe doch diesen fiesen Spinnenbiss unterm Fuß. Und deswegen konnte ich kaum auftreten. Da hat Jo mir seine Schuhe geschenkt. Er hat gesagt, er hätte noch so ein Paar zu Hause. Ma, ich habe die Schuhe nicht gestohlen, das musst du mir glauben!“ Aka machte eine kurze Pause und suchte

nach einem Zeichen, dass sich der Rücken etwas entspannen würde. Vergebens.
„Und schließlich hast *du* mir mal beigebracht, dass es unhöflich ist, ein Geschenk abzulehnen“, fuhr er mit dem Mut des Verzweifelten fort. Der Rücken blieb starr.
Aka seufzte. „Ich habe Jo aber schon gesagt, dass ich dich erst fragen muss, ob ich die Schuhe behalten darf.“ Akas Stimme begann zu zittern. „Wenn du möchtest, gebe ich sie ihm morgen beim Training zurück.“
Bei der Vorstellung, sich wieder von seinen Turnschuhen trennen zu müssen, bildete sich ein dicker Kloß in seinem Hals.
„Ma, du glaubst ja gar nicht, wie schön diese Schuhe sind. Man geht darin nicht bloß, man schwebt. Und Jo hat sie mir wirklich geschenkt und gesagt, es würde ihm eine Freude bereiten, wenn er sie mir schenken dürfte. Und wenn er doch eh noch ein Paar besitzt ...“ Aka verstummte.
Der Rücken seufzte nun ebenfalls, sagte aber nichts.
Seine Mutter löschte die Gasflamme, stellte einen Teller vor ihn auf den Tisch und sagte: „Iss jetzt, und dann ab ins Bett. Über die Schuhe spreche ich noch mit deinem Vater.“ Sie nahm das Glas mit der aufgelösten Vitamintablette vom Tisch und verließ die Küche.

Nach dem Essen ging Aka ins Bett. Bei dem Gedanken an die Verfolgungsjagd mit Adam wurde ihm wieder heiß und kalt, und er wälzte sich unruhig hin und her. Ob Yera, Adam & Co. ihn wohl erkannt hatten? Was würden sie tun, wenn er ihnen wieder begegnete? Es würde nicht lange möglich sein, ihnen aus dem Weg zu gehen. Andererseits war es ja schon recht dunkel gewesen, als die Gangmitglieder aus dem Schuppen getreten waren. Sicherlich hatten sie nach dem Licht drinnen draußen erst einmal gar nichts sehen können. Vielleicht hatte er Glück und war schnell genug weggerannt. Aber was war mit Jo? Ein Weißer in Soweto war wesentlich leichter wiederzuerkennen als ein Schwarzer. Sie mussten in Zukunft sehr vorsichtig sein. Aka grübelte, was er tun sollte, wenn Adam und Yera in den nächsten Tagen am Stadion auftauchen würden. Sollten sie Jimmy einweihen und um Hilfe bitten? Aka seufzte leise und rollte sich zusammen, nach dem anstrengenden Tag konnte selbst seine Angst den Schlaf nicht fernhalten.

Aka hatte Jos Turnschuhe über Nacht anbehalten. Er träumte, er wäre der schnellste Stürmer in ganz Südafrika, der schnellste Stürmer bei der gesamten Weltmeisterschaft. Er trug ein Paar Zauberschuhe, mit denen er jedem Gegner davonlief. Wenn er einen Schritt machte, musste der Gegner fünf machen – niemand hatte eine Chance, mit Akani Mabena mitzuhalten. Die Schuhe trugen ihn wie von selbst durch die Abwehrreihen der gegnerischen Mannschaften und schossen den Ball mit einer Geschwindigkeit ins Tor, dass sich die Keeper vor Verzweiflung die Haare rauften, ihre Handschuhe aßen oder geschlagen den Platz verließen.

Im Finale schoss er das entscheidende Tor für die *Bafana, Bafana.* Die Zuschauermenge jubelte ihm zu, als er auf den Schultern seiner Mannschaftskameraden durch das Soccer City Stadion getragen wurde. Die Fans hielten Plakate mit seinem Bild hoch. „Aka! Aka! Aka!“, skandierten die Fans und bliesen wie verrückt in ihre *Vuvuzelas*, die scheppernden Plastiktröten, die in seinen Ohren, wie süße Musik klangen.

Er stellte sich mit seiner Mannschaft auf, um vom FIFA-Präsidenten den Weltpokal entgegenzunehmen. Die Fans forderten, dass er den Pokal als Erstes in die Höhe recken sollte. Strahlend verbeugte er sich vor ihnen und griff nach dem Pokal, doch nun war es Yera, der Anführer der *Outsiders*, der ihm den Pokal übergab und ihn dabei höhnisch angrinste. Auf dem Pokal waren zwei Fäuste abgebildet, die gegeneinander schlugen. „Viel Spaß mit dem Goldstück!“, kreischte er in einer Tonlage, die Aka in den Ohren schmerzte. Dann verstummte aller Lärm im Stadion, und Aka hörte nur noch ein Ticken, das aus dem Inneren des Pokals kam. Er begriff: Der Pokal war eine Zeitbombe!

„Wir werden alle untergehen!“, schrie Yera, und sein irres Lachen hallte von den Rängen zurück.

Er musste hier weg, raus aus dem Stadion, um seine Mannschaft und seine Fans zu retten. Er musste den Weltpokal nach draußen schaffen! Aka rannte so schnell er konnte, aber seine Zauberschuhe hatten ihren Zauber verloren und gingen für jeden Schritt, den er machte, einen Schritt zurück. Je schneller er zum Ausgang des Stadions lief, desto weiter entfernte er sich von ihm, obwohl er mit immer größeren Schritten versuchte, zum Ausgang zu rennen …

Aka erwachte von einem unsanften Stoß in die Rippen.
„Hey, was soll denn das, du Blödmann?“, drang Delanis verärgerte Stimme in sein Bewusstsein. „Hör auf, mich zu treten, das tut ganz schön weh mit deinen doofen Turnschuhen!“
Delani drehte sich, weitere Flüche vor sich hin brummelnd, um und war nach ein paar Sekunden wieder eingeschlafen. Aka aber lag mit klopfendem Herzen wach und starrte in die Dunkelheit.

Die Nachricht über den gestohlenen Pokal verbreitete sich wie ein Buschfeuer. Als Aka am nächsten Morgen verschlafen in die Küche kam, redeten seine Geschwister alle wild durcheinander. In der Ecke plärrte ein altes Radio, dessen Batterien schon recht schwach waren. Das duften sie nur anschalten, wenn es etwas wirklich Wichtiges gab. Ein Reporter berichtete vom Soccer City Stadion, aber was er sagte, ging fast unter in dem Stimmengewirr um ihn herum. Es klang, als würde er aus einem Bienenstock berichten. Offenbar hatten sich Massen von Reportern vor dem Soccer City Stadion versammelt.
„Der Weltpokal, wer klaut denn den Weltpokal?“, schrie Khulekani durch das Stimmengewirr. „Den kann man doch gar nicht verkaufen, dann verrät man sich doch selbst!“
„Was ist ein Weltpokal?“, fragte Zanele, ging aber in dem Durcheinander völlig unter.
„Quatschkopf!“, rief Bheka und stieß Khulekani in die Seite. „Der ist aus Gold, den kann man doch einschmelzen, und dann verkauft man eben einen Klumpen Gold!“
„Was ist ein Weltpokal?“, quengelte Zanele etwas lauter und zupfte an Bhekas Shirt.
„Ich wüsste schon, was ich mit dem Weltpokal anfangen würde“, sagte Delani großspurig. „Ich würde ihn so lange zu Hause verstecken, bis alle vergessen haben, dass er geklaut wurde, und ihn dann erst verkaufen.“ Beifall heischend sah er sich um.
„So ein Unsinn“, brummte Bheka, „das wird nie jemand vergessen.“
„Was ist ein Weltpokaaal?“, heulte Zanele wie eine Sirene los, dass alle sich die Ohren zuhielten.

Aka setzte sich an den Tisch und nahm Zanele auf seinen Schoß. „Der Weltpokal ist die Statue, die die beste Mannschaft der Fußball-Weltmeisterschaft gewinnt“, erklärte er ihr und zitierte, was Jimmy

gestern beim Training erzählt hatte. „Er ist sehr kostbar, denn er besteht aus Gold und Halbedelsteinen. Er ist fast 40 Zentimeter hoch und wiegt über sechs Kilo. Er zeigt zwei jubelnde Fußballspieler, die gemeinsam die Weltkugel in ihren ausgestreckten Händen halten. Auf dem Fuß des Pokals sind die Namen und Jahreszahlen der einzelnen WM-Sieger seit 1974 eingraviert. Und bei der folgenden WM wandert der Pokal weiter zum neuen Weltmeister."
Zanele schaute ihn verständnislos an, fühlte sich aber geschmeichelt, dass Aka mit ihr nicht wie mit einem kleinen Kind gesprochen hatte, und nickte wichtig mit dem Kopf. „O.k.", sagte sie geschäftig, „dann lasst uns doch mal suchen gehen, das Ding muss ja irgendwo sein."
„Genau das habe ich vor", dachte Aka, trank einen Schluck Tee und nahm sich zur Stärkung noch ein Stück Brot. Heute musste er doppelt fit sein, wenn er es sowohl mit den *Outsiders* als auch mit den Orlando Pirates aufnehmen wollte.

Kapitel 10

Jo

„Wenn du auch nur ein Wort verrätst, erschieße ich dich“, sagte die Spinne mit einer für Spinnen untypisch quietschigen Stimme und hielt Jo eine Pistole an die Schläfe. Der Körper der Spinne war so groß wie ein Geländewagen, mit riesigen Facettenaugen, in denen Jo sein hundertfaches Spiegelbild sehen konnte. Er zitterte am ganzen Leib und spürte das kalte Metall an seiner Schläfe. Mit seinen Füßen stand er in einem Haufen Scherben, die sich mit jeder Bewegung tiefer in seine Fußsohlen bohrten.
Die Spinne lachte ein grässliches kreischendes Lachen.
„Fesselt ihn!“, kreischte sie und schüttelte alle acht Beine vor Lachen.
Vier weitere Spinnen kamen näher. Jede legte ihm ein schwarzes, behaartes Bein auf den Kopf. Sie begannen, dicke, klebrige Fäden um Jo zu spinnen, indem sie um ihn herumliefen und ihre Fäden fest um seinen Körper zogen. Erst wurden seine Beine taub, dann wurde sein Brustkorb zusammengedrückt. Als sie schließlich die Fäden über seinem Mund und seine Nase immer dichter spannen, bis er keine Luft mehr bekam, versuchte er, seine Arme zu befreien. Er wollte die Fäden von seinem Mund zerren, aber sein ganzer Körper war zugekleistert mit Spinnenkleber. Die große Spinne mit der Pistole sah ihn lachend an, und Jo sah sein Spiegelbild in den schwarzen Augen: eine Schmetterlingslarve in einem Kokon, ein Paket mit dicken, klebrigen Seilen fest verschnürt. Die Spinne lachte und lachte, als sie ihm die Pistole so fest an die Schläfe drückte, dass sich der kalte Lauf schmerzhaft in seine Haut bohrte ...

Jo wachte schweißgebadet auf. Er hatte sich mit dem Kopf an die Metallstäbe seines Bettes geworfen und fasste sich an den brummenden Schädel. Gott sei Dank, es war nur ein Traum, dachte er benommen. Dann war er schlagartig hellwach und erinnerte sich an die Geschehnisse des vergangenen Abends. Das Ganze erschien ihm wie ein verrückter Film. Hatte er wirklich mit Aka zusammen diese Gang in ihrem Schuppen beobachtet? Und war es wirklich der gestohlene Weltpokal gewesen, den sie gesehen hatten? Zu dumm, dass sie den Gegenstand nicht genau hatten erkennen können.

Wäre es nicht sinnvoller, die Polizei zu rufen? Er musste unbedingt heute beim Training mit Aka reden. Gestern hatten sie vor Jimmy lieber nichts sagen wollen. Und der arme Aka hatte solche Angst gehabt, dass die Typen ihn erkannt haben könnten, dass Jo nichts auf eigene Faust unternehmen und das weitere Vorgehen lieber mit ihm abstimmen wollte.
Er guckte auf die Uhr, kurz vor halb sieben, der Wecker würde gleich klingeln. Er fühlte sich wie gerädert und stand noch immer unter dem Eindruck dieses schrecklichen Traums. Bevor er langsam die Beine aus dem Bett schwang, warf er einen Blick unters Bett. Keine Spinne zu sehen.
Als er die Füße aufsetzte, merkte er, dass seine Fußsohlen ganz geschwollen waren von den gestrigen Strapazen. Dabei musste er doch heute fit sein! In seinem ersten Trainingsspiel der Kaizer Chiefs gegen die Orlando Pirates wollte er sich von seiner besten Seite zeigen. Allerdings konnte er sich noch nicht vorstellen, wie er sich heute überhaupt auf das Spiel konzentrieren sollte.

Er stand auf und setzte sich an den Frühstückstisch. Die Haushälterin brachte ihm ein Rührei und frisch gepressten Orangensaft. Nach dem Frühstück bat er seine Mutter um eine Wundsalbe. Er wusste, dass sie unangenehme Fragen stellen würde, aber er musste heute laufen können, das war jetzt wichtiger. Als sie seine Füße sah, guckte sie ihn entsetzt an. „Meine Güte, wie hast du das denn gemacht?“
„Ich habe einem Jungen aus meiner Mannschaft meine Schuhe geschenkt“, sagte er in leichtem Plauderton. „Erst danach habe ich gemerkt, wie viele spitze Steine auf dem Spielfeld herumliegen“, er grinste gequält bei der Erinnerung an die Schmerzen auf der Flucht vom Schuppen zum Stadion.
„Du hast was?“, fragte seine Mutter fassungslos. „Die Adidas, um die du das ganze Jahr gebettelt hast, hast du einfach irgendeinem wildfremden Jungen geschenkt? Warum das denn?“
„Weil er nett ist“, sagte Jo schlicht. „Er besitzt keine Turnschuhe. Und hatte einen fiesen Spinnenbiss unterm Fuß, weswegen er kaum auftreten konnte. Da habe ich ihm meine Schuhe geschenkt.“
„Spinnenbiss?“ Jo sah die Gänsehaut auf dem Arm seiner Mutter. „Was gibt es denn hier für Spinnen, die einen so böse beißen können?“ Sie schüttelte sich leicht.

„Na, das sind Regenspinnen“, sagte Jo lässig. „Aber keine Angst, die kommen nur bei Regen ins Haus, und eigentlich mögen sie uns Menschen gar nicht und bleiben uns fern.“
Seine Mutter gab ihm die Salbe. „Kannst du denn mit den Füßen überhaupt spielen?“, fragte sie besorgt. „Dad und ich wollten heute auch zugucken kommen. Wäre ja schade, wenn du dann gar nicht spielst.“
„Ihr wollt was? Wieso das denn? Nach Soweto?“, brabbelte Jo los, der sich einerseits über das Interesse seiner Eltern freute, andererseits aber Angst bekam, dass es seinen Eltern in Soweto gar nicht gefallen könnte und sie vielleicht auf die Idee kommen würden, ihm nicht mehr zu erlauben, dort zu trainieren.
„Na, in Berlin haben wir doch auch immer zugeguckt. Und wir sind wirklich gespannt auf deine Mannschaft“, sagte seine Mutter. „Außerdem haben wir von Soweto schon so viel gehört und gelesen, das müssen wir uns ja auch mal angucken. Wir fahren später mit Freunden zusammen hin, die kennen sich dort aus.“ Sie kramte lachend in ihrer Handtasche, zog eine Vuvuzela hervor und blies mit voller Kraft hinein. Jo hielt sich die Ohren zu. Oh Mann, das konnte ja peinlich werden, seine Eltern als alleinige Fankurve, und dann auch noch mit Trompeten!

In der Schule rutschte Jo den ganzen Vormittag ungeduldig auf seinem Stuhl hin und her. Er konnte sich nicht darauf konzentrieren, was der Lehrer vorne sagte. In seinem Kopf schwirrten noch immer die Bilder des vergangenen Abends durcheinander. In der Pause saß er allein an einem Tisch und wusste gar nicht, worüber er zuerst nachdenken sollte, das Spiel oder den Weltpokal. Er hatte mitbekommen, dass das Spiel extrem wichtig für seine Mannschaft war. Die Rivalität zwischen den Jugendmannschaften der Kaizer Chiefs und der Orlando Pirates ging offensichtlich über einen normalen Konkurrenzkampf hinaus. Jo hatte das Feuer in den Augen seiner Teamkameraden gesehen, als Jimmy das Spiel angekündigt hatte. Offensichtlich wollten sie sich für eine Niederlage rächen, und den Gedanken an eine erneute Niederlage ließen sie erst gar nicht zu. Es stand felsenfest: Sie mussten heute gewinnen, koste es, was es wolle. Jo bekam allein bei dem Gedanken an das Spiel feuchte Hände und hätte sich am liebsten jetzt schon mal warm gelaufen. Er vergegenwärtigte sich noch einmal Jimmys Tipps. Er musste es irgendwie schaffen, den alten Schuppen und die furchteinflößende Gang zu vergessen, um sich aufs Spiel konzentrieren zu können. Aber nach dem Spiel musste er unbedingt mit Aka sprechen! Sie mussten sich beraten, was zu tun wäre, wenn die Gang tatsächlich den Weltpokal gestohlen hatte. Nur, wie sollten sie das herausfinden? Er verspürte wenig Lust, noch einmal zu dem gruseligen Schuppen zu laufen. Jo stand auf und lief eine Runde auf dem Schulhof. Er konnte einfach nicht mehr still sitzen. Wenn doch nur die Schule endlich vorbei wäre!

Zwei Stunden später erlöste ihn endlich die Schulglocke. Er packte schnell seine Sachen in den Ranzen und sprang in den Schulbus. Auf der Fahrt sah er hinaus auf die Straßen, auf denen an jeder Ecke die Vorbereitungen für die Fußball-WM zu sehen waren: Frauen und Männer verkauften Südafrika-Fähnchen und *Vuvuzelas*, die Plastiktröten, die so einen unglaublichen Lärm machen konnten. Jo hatte das in den letzten Wochen mehrfach schmerzhaft erlebt, wenn so eine Tröte direkt neben seinem Ohr losging. Die Südafrikaner schienen diesen Lärm erstaunlicherweise überhaupt nicht lästig zu finden, sondern eher wie Musik zu genießen. Es musste ein unbeschreiblicher Lärm sein, wenn in einem ausverkauften Stadion Tausende von diesen Tröten ertönten, dachte Jo, und ihm wurde wieder schwer ums Herz bei dem Gedanken daran, dass er keines dieser Spiele live erleben würde. Aber gut, dafür würde er heute Nachmittag selbst auf dem Platz stehen, zwar ohne Zuschauer, aber besser als nichts.

Jimmy holte ihn diesmal pünktlich um halb vier zu Hause ab. Auf der Fahrt kam er noch einmal auf den vorherigen Abend zu sprechen. „Sag mal, Jo, was war denn gestern eigentlich los? Wisst ihr, was der große Kerl im Stadion zu suchen hatte? Dass er nach seinem Ball gesucht hat, wie er mir hat weismachen wollen, nehme ich ihm ja nicht eine Minute ab. Der wirkte ganz schön aufgeregt.“ Er sah Jo so durchdringend an, dass dieser rot wie die Ampel vor ihnen wurde und froh war, als sie wieder auf grün sprang und Jimmy nach vorn gucken musste. Er wusste nicht, was er sagen sollte.

„Und ihr beide wart irgendwie auch ganz schön durch den Wind“, ließ Jimmy nicht locker. „Was habt ihr denn eigentlich noch im Stadion gemacht? Du solltest doch im Auto auf mich warten." Er sah Jo wieder ernst an. „Wenn irgendwas passiert ist, musst du es mir sagen, Jo. Du weißt, ich habe deinen Eltern versprochen, auf dich aufzupassen, und das werde ich auch. Wenn ich aber irgendwann das Gefühl bekomme, ich kann dieses Versprechen nicht halten, kann ich dich nicht mehr mit nach Soweto nehmen."

Jo überkam Panik bei dem Gedanken, wieder in dem Haus festzusitzen und nicht raus zu können. Er wollte diese Mannschaft nicht wieder verlieren. Er wollte Aka nicht wieder verlieren, der erste Junge in diesem schrecklichen Südafrika, der ihn nicht nur aus der Ferne anstarrte, sondern der für ihn in der kurzen Zeit zu einem echten Freund geworden war.
„Nein, nein, es war alles o.k.", beeilte er sich zu sagen und bemühte sich, seine Gesichtsfarbe unter Kontrolle zu bringen. Jimmy war zum Glück mit dem dichten Verkehr beschäftigt.
„Wir haben nur im Stadion noch ein bisschen mit dem Ball gekickt. Und dann haben wir den großen Typen gesehen und uns in einem Gang versteckt", sagte er in dem gleichen leichten Plauderton, den er früher am Tag schon bei seiner Mutter erfolgreich angewandt hatte. „Wir wussten ja nicht, was der da wollte", fügte er hinzu und sah Jimmy von der Seite an. Ob der ihm das so abkaufte?
Jimmy runzelte die Stirn. Er wirkte ganz und gar nicht überzeugt. Jo versuchte es mit einem Themenwechsel. „Sag mal, gibt es was Neues vom Weltpokal, ist er wieder aufgetaucht?", fragte er betont locker, um Jimmy seine Anspannung nicht merken zu lassen.
„Nein, nicht die leiseste Spur." Jo atmete erleichtert aus. Jimmy ging glücklicherweise auf sein Ablenkungsmanöver ein. „Die Spurensicherung hat das ganze Soccer City Stadion auseinandergenommen, aber sie haben nichts gefunden. Die Typen waren keine Anfänger. Im FIFA-Büro haben sie außer der Kette keinerlei Spuren hinterlassen, auch keine Fingerabdrücke, da sie Handschuhe getragen haben." Jimmy seufzte. „Auch um das Stadion herum gibt es keine Spuren. Als hätten sich die Täter in Luft aufgelöst. Aber die Ermittler suchen fieberhaft nach der Bedeutung des Symbols auf der Kette, vielleicht ergibt sich ja daraus ein Hinweis."
Jo hätte gern noch mehr darüber erfahren, was bei der FIFA geredet und spekuliert wurde, und vor allem hätte er gern etwas zu dem be-

vorstehenden Spiel gegen die Orlando Pirates erfahren, aber da waren sie bereits am Stadion angekommen, wo sich wieder eine Traube von Kindern um Jimmys Tür scharte. So war ihr Gespräch vorerst beendet. Jimmy stieg aus, machte seine gewohnten Scherze und verteilte, was er an Bonbons und Krimskrams in seinen Taschen hatte.

Als sie ins Stadion kamen, traute Jo seinen Augen nicht. Hunderte Zuschauer hatten sich auf den Rängen versammelt und tröteten schon wie wild auf ihren *Vuvuzelas*. Sie waren eindeutig in zwei Lager geteilt, in ein schwarzgelbes und ein schwarzweißes. Jos Knie wurden weich. Das hätte ihm ja auch mal jemand vorher sagen können, dass das hier heute ein richtiges Spiel mit Zuschauern werden würde. Und er wusste nicht einmal, welche Fans zu *seiner* Mannschaft gehörten!
Aus Berlin war er es gewohnt, dass selbst zu einem Punktspiel kaum Zuschauer kamen – geschweige denn zu einem Freundschaftsspiel. Naja, bis auf ein paar ehrgeizige Väter, die ihren Söhnen vom Spielfeldrand zubrüllten, wen sie als Nächstes foulen sollten.
Er sah Jimmy entgeistert an, der über beide Ohren grinste. „Das ist eine Kulisse, was? Habe ich dir eigentlich erzählt, dass jedes Spiel der Kaizer Chiefs gegen die Orlando Pirates ein Revierderby wie Schalke gegen Dortmund ist, egal, welche Mannschaft aus welcher Liga spielt?“, fragte er und begegnete Jos entsetztem Blick mit einem unschuldigen Augenaufschlag. „Wir sind übrigens Dortmund, denn wir sind schwarzgelb“, brüllte er noch über den Lärm hinweg und betrat das Spielfeld.
„Nein, hast du nicht!“, rief Jo ärgerlich. „Wäre aber sehr nett von dir gewesen, dann hätte ich mich vielleicht etwas besser …“ Jo kam nicht dazu, den Satz zu beenden, denn Jimmy ging auf die Mannschaft zu, die schon auf dem Feld versammelt war. Offensichtlich konnten sie alle das Spiel nicht erwarten. 13 große dunkle Augenpaare sahen ihnen entgegen.
„O.k. Leute“, begann Jimmy. „Heute ist unser großer Tag. Heute holen wir uns unsere Ehre wieder, denn heute zeigen wir den Orlando Pirates, dass wir in diesem Stadion regieren!“
Die Mannschaft brüllte ein Gemisch aus Zustimmung und Anspannung heraus.
Jimmy holte ein Notizheft aus seiner Hemdtasche hervor. Erwartungsvoll scharten sich die Spieler dicht um ihn, um hören zu kön-

nen, was er sagte.
„Wir spielen das 4-4-2-System, damit werden wir die Pirates heute überraschen. Sicherlich erwarten sie, dass wir wieder mit der Raute spielen, aber da wir das im letzten Spiel gemacht haben, spielen wir heute in einer anderen Aufstellung.“ Jimmy lächelte aufmunternd in die Runde.
„Malaika links und Aka rechts, ihr beide geht in den Sturm und zeigt diesem Anfänger von Torwart, wo der Hammer hängt!“ Malaika grinste Aka breit an, der nervös einen Mundwinkel nach oben zog und schnell woanders hin guckte.
„Tau, du bist links im offensiven Mittelfeld und fängst den Gegner noch vor der Mittellinie ab“, fuhr Jimmy fort. „Aber pass auf, der Eine hat dir letztes Mal ganz schön in die Beine getreten.“ Tau blickte grimmig zu der Mannschaft der Orlando Pirates hinüber und fixierte einen ihrer Spieler. „Ich weiß“, sagte er. „Das bekommt er heute doppelt wieder“, knurrte er und ballte die Fäuste.
„Themba, du übernimmst neben Tau vom defensiven Mittelfeld aus die Regie.“ Jimmy legte seine Hand auf Thembas Schulter. „Zeig‘ deinen Mitspielern, wo es langgeht und sorg‘ für Ordnung, wenn sie ihre Plätze verlassen. Ihr anderen achtet darauf, was Themba euch anzeigt, habt ihr verstanden?“ Alle nickten.
„Lindani, du gehst neben Themba und machst mit ihm die Mitte dicht“, Jimmy hielt Lindani seine Hand zum Abklatschen hin. Lindani stolperte fast über seine eigenen Beine, als er auf Jimmy zuging. „Und pass auf deine Gräten auf, konzentrier‘ dich, du kannst das!“ Lindani nickte mit rotem Kopf.
„Mandla, wie immer rechts außen. Nutze deine Schnelligkeit, du kannst sie wieder alle schwindelig spielen!“ Mandla grinste und hob zwei Finger zum Victory-Zeichen. „Geht klar, Chef“, sagte er lässig.
„Wesley, du fängst als linker Außenverteidiger an. Nelson, du löst ihn später ab. Kafil, du übernimmst die rechte Seite. Philani und Xolo, ihr sichert die Innenverteidigung, das hat letztes Mal super geklappt. Aber seid vorsichtig, der Stürmer der Pirates ist ein harter Bursche. Ihr erinnert euch ja sicherlich noch, wie rücksichtslos er beim letzten Spiel Henri umgesägt hat, sodass Nelson ins Tor gehen musste.“

Jimmy blickte zu Jo. „Jo, du gehst ins Tor. Wie gesagt, pass auf den großen Kerl da drüben auf, der mit dem roten Shirt und dem Schnauzbart. Der geht voll auf die Knochen und kennt keine Gnade. Der hat letztes Mal unseren Torwart kaputt gegrätscht. Du musst also dafür sorgen, dass deine Abwehr aufmerksam bleibt und den Hünen nicht allein auf dich loslässt.“ Jo nickte ernst und spürte die Aufregung wie Wellen durch seinen Bauch schwappen.
„Sipho, Nelson und Uuka, ihr geht erst einmal auf die Bank, haltet euch aber bereit“, schloss Jimmy die Aufstellung ab und nickte den dreien zu. Sipho und Nelson ließen enttäuscht die Köpfe hängen, Uuka hingegen guckte fröhlich in die Runde und hielt die Daumen hoch.
Jimmy steckte sein Notizheft wieder ein. Grimmig blickte er in die Runde. „Seid ihr bereit, Kaizer Chiefs?“
Die Spieler legten ihre Hände übereinander und stimmten ihren Schlachtruf an.
„Ihr seid nur Könige, wir sind die Kaizer, Laduma!
Ihr seid nur Könige, wir sind die Kaizer, Laduma!
Ihr seid nur Könige, wir sind die Kaizer, Laduma!“

Applaus brandete in der schwarzgelben Kurve auf.

Kapitel 11

Aka

Nach ihrem Schlachtruf liefen die Spieler auseinander, um sich aufzuwärmen. Aka rannte zu Jo, mit dessen Turnschuhen in der Hand.
„Ich darf deine Schuhe leider nicht behalten", sagte er so leise, dass Jo ihn bei dem Lärm kaum verstehen konnte. „Meine Mutter erlaubt es nicht."
„Was? Wieso denn nicht?", fragte Jo verständnislos. „Ich habe sie dir doch geschenkt. Meine Mutter hat zwar auch blöd geguckt, aber letztendlich sei es meine Entscheidung, hat sie gesagt."
„Meine Mutter ist der Meinung, dass auch für einen reichen Jungen wie dich solche Schuhe nicht selbstverständlich sind", Aka kämpfte um Selbstbeherrschung. „Und deswegen könne ich ein solches Geschenk nicht annehmen." Er senkte den Kopf und hielt Jo seine Schuhe hin.
Jo zögerte und blickte auf seine Füße. Da hellte sich sein Gesicht auf. „Weißt du was?", rief er strahlend. „Dann nimmst du diese Turnschuhe", er zog seine Sneakers aus und reichte sie Aka. „Die sind nicht so neu und schon gar nicht so teuer. Sag deiner Mutter, dass ich davon noch drei Paar zu Hause habe!" Er schlüpfte in seine Adidas, die seine wunden Füße freundlich willkommen hießen.

Aka strahlte nun ebenfalls. Er hatte sich schon so auf das Spiel in den neuen Turnschuhen gefreut, dass er fast geheult hatte, als seine Mutter ihm morgens sagte, dass er sie – vor dem Spiel! – zurückgeben müsse. Er zog Jos Sneakers an, das Schleifenbinden hatte er mittlerweile geübt, und fand, dass auch diese wunderbar weich waren. Auf jeden Fall um Welten besser, als barfuß zu spielen! Erleichtert sah er Jo an. „Super, jetzt kann ich den doofen Pirates heute doch zeigen, was für einen Bums ich im Fuß habe!" Sie lachten gemeinsam und trabten über den Platz zu Jimmy, der mit Aufwärmübungen begann.
„Aka, wir müssen nachher noch über gestern reden!", raunte Jo Aka ins Ohr, bevor sie sich zu der Gruppe gesellten. „Ich habe da einen ganz üblen Verdacht."
„Ja, ich auch", antwortete Aka und sah Jo ernst an. „Wir müssen was unternehmen."
„Wir?", fragte Jo entsetzt. „Wieso denn wir? Was können wir denn

schon tun? Sollten wir nicht besser die Polizei verständigen?"
„Die Polizei? Vergiss es!", sagte Aka ärgerlich. „Wenn ein schwarzer Junge aus Soweto ein Verbrechen meldet, sitzt er ganz schnell selbst im Knast. Und wenn du zu den Bullen gehst, kannst du dich in Soweto nie wieder blicken lassen. Außerdem können wir doch gar nichts beweisen. Wir müssen nochmal zu dem Schuppen und uns davon überzeugen, dass es stimmt, was wir denken."
Jo verspürte wenig Lust, noch einmal der Hyäne mit der Knarre zu begegnen. Aber bevor er protestieren konnte, rief Jimmy sie zusammen.
„Zu zweit an die Bälle!"

Das Stadion füllte sich immer weiter, der Lärm wurde unbeschreiblich. Unzählige Plastiktrompeten dröhnten im Chor und klangen wie eine Herde wildgewordener Elefanten. Aka blickte zur Tribüne hoch und sah seine Brüder wie verrückt winken. Er winkte kurz zurück und merkte, wie die Aufregung Besitz von ihm nahm. Heute war sein Tag, das spürte er. Heute würde er diesen hochnäsigen Pirates zeigen, dass man sich vor Akani Mabena in Acht nehmen musste. Heute würde er sich im wahrsten Sinne des Wortes nicht auf den Füßen herumtreten lassen. Er dachte an die letzte Begegnung mit den Pirates zurück und spürte das Blut in seinen Adern kochen. Bei den Pirates gab es zwei Spieler, die echte Stollenschuhe besaßen, und diese gern als Waffe einsetzten. Sie waren ihm mehrmals absichtlich auf die Füße gesprungen, bis er vor Schmerzen nur noch vorsichtig in die Bälle gegangen war und manchen Ball kampflos verloren geben musste, den er eigentlich hätte haben können. Jimmy hatte ihn nach dem Spiel erstaunt gefragt, was mit ihm los gewesen sei. Aka hatte dazu nichts gesagt. Wie sollte er Jimmy, der in seinem ganzen Leben zu keinem einzigen Fußballspiel ohne Schuhe angetreten war, erklären, dass seine Füße von unten von einer dicken Schicht aus Hornhaut geschützt waren, aber sein Spann schutzlos den unfairen Angriffen der gegnerischen Stollenschuhe ausgeliefert war?
Heute würde er dank Jos Schuhen nicht zurückstecken müssen und brannte darauf, es seinen Gegnern heimzuzahlen.
Die Mannschaften stellten sich auf und wurden mit Armbinden ausgestattet, um die gegnerischen Teams unterscheiden zu können. Gelb für die Kaizer Chiefs, schwarz für die Orlando Pirates. Der Schieds-

richter loste mit Kafil und dem gegnerischen Kapitän die Seiten aus. Kafil verlor, die Pirates bekamen den Anstoß.

Aka war von Anfang klar, dass dies kein normales Fußballspiel nach normalen Regeln werden würde. Der Schiedsrichter, ein kleiner dicker Mann, der wie eine Dampflock über das Feld schnaufte, war bei den versteckten Fouls der Pirates nie zur Stelle oder drückte beide Augen zu. Als Aka ihn einmal darauf hinwies, dass ein Abwehrspieler ihm seinen Ellenbogen ins Gesicht gerammt hatte, fuchtelte der Schiedsrichter mit seinen Händen vor Akas Gesicht herum, als wollte er ihn verhexen.
„Willst du behaupten, der Junge dort hat dich gefoult, und ich habe es nicht gesehen?“, fragte er spitz und sah Aka herausfordernd an.
Aka zuckte nur mit den Achseln und drehte sich um. Er wusste, dass eine Diskussion mit einem Schiedsrichter sinnlos war und wollte es nicht riskieren, vom Platz gestellt zu werden. Dazu war ihm dieses Spiel viel zu wichtig. Auf der Tribüne sah er seine drei Brüder sitzen, die die Faust ballten und ihm unmissverständliche Zeichen gaben, was sie am liebsten mit dem Schiedsrichter machen würden. Aka grinste zu ihnen hinüber und ballte seinerseits die Faust.

Die Chiefs wehrten sich nach Kräften gegen die fiesen Fouls, und so gab es ein ziemliches Hauen und Stechen auf dem Feld, das von den Fans je nachdem mit lauten Buhrufen oder jubelndem Tröten kommentiert wurde. Was auf dem Feld stattfand, wirkte weniger wie ein Sportwettkampf denn wie ein Kampf zwischen verfeindeten Gangs. Jimmy gab sein Bestes, um vom Spielfeldrand aus seine Spieler daran zu erinnern, dass sie mehr konnten, als auf den Gegner einzutreten, aber da die Pirates wie eine Armee über das Spielfeld zogen und alles niedermachten, was sich ihnen in den Weg stellte, blieb den Chiefs nichts anderes übrig, als mit den gleichen Mitteln dagegenzuhalten. Weil Akas Mannschaft aber nicht so geübt darin war, ein Spiel vornehmlich mit Gewalt denn mit spielerischem Können zu bestreiten, hatten die Pirates schnell Aufwind und spielten sich einige Male gefährlich nah an Jos Tor heran.

Als der skrupellose Stürmer, vor dem Jimmy sie gewarnt hatte, sich wieder einmal mit gezielten Tritten gegen Xolos ungeschützte Schienbeine den Weg freimachte, kam er mit hoher Geschwindigkeit

auf Jo zugelaufen. Philani versuchte, ihm von hinten in die Beine zu grätschen, erwischte ihn jedoch nur noch an der Ferse. Ein fieses Grinsen erschien unter seinem Schnauzbart, als er nur noch Jo zwischen sich und dem Tor sah. Er sammelte sich, legte sich den Ball einige Meter vor und nahm Anlauf für einen satten Schuss.
„Komm Jo“, dachte Aka, „den hältst du, du kannst das!“
Er sah, wie Jo konzentriert den Ball fixierte und geschmeidig wie ein Gepard von einem Fuß auf den anderen tänzelte. Fasziniert beobachtete er, wie der schlaksige blonde Junge eins zu werden schien mit den Bewegungen des gegnerischen Spielers, wie er dessen Aktionen zu erahnen schien und sich wie von einer inneren Stimme gelenkt in seinem Tor bewegte.
Kurz bevor der Stürmer gegen den Ball trat, flog aus dem Publikum ein kleiner Gegenstand auf den Platz und traf Jo hart am Kopf. Aka sah aus der Ferne wie in Zeitlupe, dass Jo aus seiner tiefen Konzentration auftauchte und sich irritiert an den Kopf fasste. Er schaute sich um, was ihn da getroffen hatte. Diesen Moment nutzte der Stürmer aus und drosch auf den Ball. Als Jo sich wieder umdrehte, war es zu spät. Er setzte zu einem weiten Satz in Richtung des Balls an, und Aka fragte sich noch, wie er aus dem Stand so weit springen konnte. Trotzdem kam er zu spät. Der Ball flog einige Zentimeter von seinen Fingerspitzen entfernt ins Netz, und der Stürmer sah Jo triumphierend in die Augen, wobei sein Schnauzer auf und ab tanzte.
„Hey, Weißbrot, da musst du früher aufstehen!“, rief er in Jos Richtung, dann riss er seine Arme hoch und ließ sich von seinen Mitspielern feiern, die ihn jubelnd unter sich begruben. Auf den Rängen lagen sich die Fans der Orlando Pirates in den Armen und probten eine La Ola, kamen aber nicht sehr weit, weil die Fans der Kaizer Chiefs nicht mitmachten.

Aka war fassungslos. Das konnte doch nicht als Tor gelten! Hatte denn dieser dämliche Schiri nicht gesehen, was da passiert war? Neben sich hörte er Malaika vor Wut schnauben.
„Das kann doch wohl nicht wahr sein!“, schrie sie und rannte auf den Schiedsrichter zu. „Haben Sie denn nicht gesehen, dass die Pirates-Fans unseren Torwart beworfen und deswegen völlig aus dem Konzept gebracht haben?“, brüllte sie den Schiri an. Der drehte sich von ihr weg und legte den Ball zum erneuten Anstoß auf den Mittelpunkt.

„He, sind Sie nicht nur blind, sondern auch taub?“ Malaika packte den Schiri am Arm, ihre Augen sprühten zornige Funken. Aka rannte auf die beiden zu, um das Schlimmste zu verhindern. Aber da drehte sich der Schiedsrichter schon zu Malaika um.
„Jetzt hör mir mal gut zu, meine Kleine“, sagte er leise, dass ihn außer Malaika und Aka niemand hören konnte, und leckte sich mit der Zunge über die Lippen. Er tippte ihr mit dem Zeigefinger aufs Brustbein, wobei er unauffällig ihre Brust streifte. „Du kannst froh sein, dass du überhaupt hier spielen darfst. Wenn du nicht so einen niedlichen Hintern hättest, würde dich hier niemand dulden, also halte dich zurück mit dem, was du sagst!“ Er ließ seine Hand nochmals über ihre Brust gleiten, sah sie spöttisch an und wollte sich gerade wieder dem Anstoß zuwenden, als Malaika ihm mit der flachen Hand ins Gesicht schlug.
Ungläubig hob der Schiedsrichter eine Hand an seine Wange und starrte sie fassungslos an. Im Stadion war es plötzlich mucksmäuschenstill geworden, keine Vuvuzelas, keine La Ola.
Malaika starrte zurück, und Aka erschrak über die Eiseskälte in ihrem Blick. „Sie haben mich zum letzten Mal angegrapscht“, fauchte sie, „oder meine Brüder werden Ihnen mal zu Hause einen Besuch abstatten. Aber dann werden sie sich nicht für den Hintern Ihrer Frau interessieren!“ Drohend reckte sie eine Faust in die Höhe, sodass der Schiedsrichter unwillkürlich schützend seinen Arm erhob. Erstes Lachen erklang von den Rängen, es war schon ein komisches Bild, das einzige Mädchen auf dem Platz bedrohte den Schiedsrichter. Der realisierte erst jetzt, dass er sich gerade lächerlich machte, bewegte seinen Arm in einem Schlenker zu seiner Brusttasche, zog eine Rote Karte heraus und hielt sie in Richtung Malaika. Die sah die Karte allerdings nicht mehr, denn sie hatte sich bereits auf den Weg zur Ersatzbank gemacht.

Aka war wie vom Donner gerührt. Voller Ekel sah er den Schiedsrichter an, der mit wichtiger Miene die Rote Karte für Malaika notierte. Am liebsten hätte er ihm den Ball in sein aufgeblasenes Gesicht geschossen. Als er aufblickte, sah er Jo auf sich zu rennen.
„Aka, warte! Wir sind jetzt nur noch zu zehnt, wir brauchen dich!“, sagte Jo eindringlich und packte ihn bei den Schultern. Aka sah eine dünne Blutspur an Jos Schläfe entlanglaufen und wurde wieder von

einem tiefen Zorn gepackt.
„Du blutest“, sagte er mühsam beherrscht und deutete auf Jos Schläfe.
„Egal, das ist nicht schlimm.“ Jo wischte sich nachlässig über die Stirn. „Wichtig ist, dass wir es diesen idiotischen Pirates und diesem mehr als idiotischen Schiedsrichter heimzahlen. Und dafür musst du jetzt eine Menge Tore schießen. Nimm deine Wut und gib sie an den Ball weiter!“ Jo sah ihn aufmunternd an. „Los, wir machen jetzt Tore für Malaika!“, rief er und rannte zurück in sein Tor.

Aka ging zum Mittelpunkt. Alle Augen waren auf ihn gerichtet. Das gegnerische Tor erschien ihm wie durch ein Zielfernrohr. Er betrachtete die Aufstellung der gegnerischen Spieler und sah seinen Weg wie eine rote Linie. Als er den Anstoß zu Tau gab, brandete der Jubel von den Rängen wieder auf. Tau kämpfte sich seinen Weg durch die gegnerischen Reihen. Aka folgte der roten Linie, die sich vor seinen Augen in das Gras gebrannt hatte, und gab einen Pass von Tau an Mandla weiter. Mandla umspielte seinen Gegner und spielte eine steile Flanke zu ihm zurück. Aka spurtete los. Er nahm den Ball mit der Brust an und ließ ihn einmal auftippen. Plötzlich hörte und sah er nichts mehr. Es gab nur noch ihn und den Ball, den er auf der roten Linie halten musste. Der gegnerische Abwehrspieler grätschte an ihm vorbei, Aka fühlte sich, als hätte er Flügel. Vor ihm tauchte der Torwart auf und warf sich ihm entgegen. Die rote Linie führte Aka links an dem Torwart vorbei, sodass er frei vor dem Tor stand. Er ließ den Ball von seinem Fuß ins Tor tropfen, riss die Arme hoch und drehte sich jubelnd um. 1:1.

Am anderen Ende des Spielfelds stand Jo, ebenfalls mit erhobenen Armen, und strahlte übers ganze Gesicht. Auf der Bank sah er Malaika mit geballter Faust sitzen, die ihm grimmig und dankbar zugleich zunickte. Jimmy und Nelson waren aufgesprungen und tanzten am Spielfeldrand. Bevor sich seine Mitspieler auf ihn stürzten, erhaschte Aka noch einen Blick auf den Schiedsrichter, der ihn wütend anstarrte, widerwillig das Tor notierte und das Spiel zur Halbzeit abpfiff.

Kapitel 12

Jo

Jo lief zur Ersatzbank hinüber, wo sich seine Mannschaft versammelte. Er fühlte sich jetzt schon schlapp, sein Kopf brummte, und seine Füße brannten trotz Wundsalbe wie Feuer. Aber er hatte erst eine Halbzeit hinter sich, und die zweite würde nicht leichter werden, ganz im Gegenteil.

Jimmy wartete schon mit einem nassen Lappen auf ihn. „Hier, halt dir das an die Stirn", sagte er und reichte ihm den Lappen, der sich wundervoll kühl auf seinem Brummschädel anfühlte. Die Spieler redeten wild durcheinander und schimpften auf den Schiedsrichter, die gegnerischen Fans und den fiesen Stürmer.

„Was hat der blöde Typ eigentlich zu dir gesagt, nachdem er dieses unfaire Tor geschossen hatte?", fragte Kafil Jo in dem Durcheinander. Alle waren plötzlich ruhig und sahen Jo an.

Jo zögerte. Er spürte, wie ihm das Blut in den Kopf schoss. Sicherlich wurde er gerade puterrot – ein Problem, das seine dunkelhäutigen Mitspieler nicht hatten, dachte er neidisch.

Es war ihm peinlich, dass der gegnerische Stürmer sich über seine Hautfarbe lustig gemacht hatte. „Ach, nichts Besonderes", sagte er und machte eine wegwerfende Handbewegung. „Ich sei wohl etwas langsam oder so, ganz genau habe ich es nicht verstanden."

Ärgerliches Gemurmel kam als Antwort. „Dem werden wir zeigen, wie langsam wir sind!", rief Aka in die Runde und klopfte Jo aufmunternd auf den Rücken. Das ärgerliche Gemurmel ging über in zustimmendes Gemurmel, Hände streckten sich schüchtern nach Jo aus, berührten ihn leicht, streichelten ihn, klopften ihm sanft auf die Schulter. Selbst Malaika kam zu ihm und schubste ihn mit der Schulter an. „Rache ist süß", sagte sie und lächelte ihn an. Jo grinste zurück, und plötzlich brummte sein Schädel gar nicht mehr so schlimm, und seine wunden Füße hatte er fast vergessen.

Der Schiedsrichter pfiff die zweite Halbzeit an. Wie erwartet, war die Gangart noch eine Nummer härter geworden. Jedesmal, wenn der Schnauzbart in Jos Nähe kam, verzog er verächtlich seinen Mund und machte unflätige Zeichen, mit denen Jo jedoch zum größten Teil nichts anfangen konnte. Er versuchte nur, sich nicht von diesem Idio-

ten aus der Ruhe bringen zu lassen.
Er dachte an Jimmys Worte: „Du musst immer wachsam sein, nicht nur dein Körper, auch dein Geist muss beweglich sein wie ein Leopard.“ Diese Worte hatten sich in seine Fußballerseele eingebrannt, und er sagte sie vor sich hin, wenn der Schnauzbart wieder einmal mit gestrecktem Bein auf ihn zugeflogen kam. So schaffte er es, den Tritten, Grätschen und Ellbogenchecks auszuweichen und spürte, wie die Wut des Schnauzers immer größer wurde. Auch Kafil, *The Rock,* ließ sich nicht einschüchtern und machte seinem Namen alle Ehre. Er stand in der Abwehr wie ein Fels in der Brandung und hielt die Gegner größtenteils vom Tor fern.

Bei Philani und Xolo jedoch hatte der Schnauzer mehr Erfolg, denn sie gingen immer vorsichtiger in die Zweikämpfe hinein, um ihre geschundenen Knochen zu schützen und brachten Jo mehrmals mit heiklen Rückpässen in Bedrängnis. So entstand in der Innenverteidigung vor Jo viel Platz, und er musste mehrmals aus dem Sechzehnmeterraum heraus, um sich frühzeitig den heranstürmenden Gegnern entgegenzuwerfen.
Die ersten 20 Minuten der zweiten Halbzeit waren gespielt, beide Mannschaften hatten einige wenig spektakuläre Torchancen gehabt. Die Zuschauer begannen, sich zu langweilen und wollten entweder schlimmere Fouls oder noch ein paar Tore sehen. Buhrufe und Pfiffe erschollen.

Da kam der Schnauzbart wieder einmal mit dem Ball aus dem Mittelfeld auf Jos Tor zugerannt. Kurz vor dem Sechszehner knockte er Philani um, der sich ihm nur halbherzig in den Weg gestellt hatte, und machte sich auf den Weg zum Tor. Zwischen ihm und Jo gab es keinen anderen Spieler mehr. Kafil hechtete in seine Richtung, war aber zu langsam. Der Schnauzer sah Jo in die Augen, wieder verzog sich sein Mund spöttisch, und er legte sich demonstrativ langsam den Ball vor. Jo spürte, wie sich sein Bewusstsein weitete, er sah, wie der Gegner die rechte Schulter nach vorn nahm, eine Bewegung in die falsche Richtung antäuschte, aber in die andere blickte, was Jo seine wahre Absicht verriet. Er schmiss sich dem Ball entgegen. Siegesgewiss hatte der Schnauzer sich viel Zeit gelassen und nicht damit gerechnet, dass Jo sein Täuschungsmanöver durchschauen würde.

Als er endlich zum Schuss ausholte, landete Jo bereits kurz vor ihm, pflückte den Ball von seinem Fuß und rutschte in ihn hinein. Applaus brandete auf, die Vuvuzelas waren wieder da.
Der Schnauzer blickte kurz fassungslos auf Jo hinab, erholte sich aber schnell von seinem Schrecken und ließ sich theatralisch fallen. Er kugelte und krümmte sich auf dem Rasen, als wäre Jo ihm mit einem Bulldozer und nicht mit seinen Beinen in die Quere gekommen. Er schrie wie am Spieß und gestikulierte wild, dass er medizinische Betreuung benötigte.

Der Schiedsrichter kam auf Jo zugerannt, der sich bereits wieder den Ball geschnappt hatte und darauf wartete, seinen Abstoß machen zu können. Da ertönte ein Pfiff. Jo glaubte seinen Augen nicht zu trauen, als der Schiedsrichter auf den Elfmeterpunkt zeigte. Er lief zum Schiri hin. „Aber das war doch niemals im Leben ein Foul!“, schrie er. Der Schiedsrichter nahm ihm den Ball aus den Händen, drehte sich um und ging auf den Elfmeterpunkt zu. Die Zuschauer johlten und pfiffen durcheinander, es war ein unbeschreiblicher Lärm. Inzwischen war der Schnauzer aufgestanden und ging ohne die leisesten Anzeichen von Blessuren an den Ball. Wieder zeigte er sein spöttisches Grinsen und ballte die Faust in Jos Richtung. Jo wusste, dass es keinen Sinn hatte, sich aufzuregen, der Schiri würde ihn bestimmt nur allzu gern vom Feld werfen.
Dann musste er den Strafstoß wohl halten.
Er stellte sich ins Tor und schloss die Augen. Der Lärm um ihn herum wurde leiser, bis er ihn gar nicht mehr wahrnahm. Er breitete die Arme aus und spürte den Raum um ihn herum. Von seinen rechten Fingerspitzen bis zum rechten Pfosten, von seinen linken Fingerspitzen bis zum linken Pfosten, von seinem Kopf bis zur Latte. Er vergegenwärtigte sich die einzelnen Segmente, in die er sein Tor aufteilte, und hatte wieder dieses Gefühl, das Tor plötzlich mehr auszufüllen. Er versuchte, sich daran zu erinnern, was Jimmy ihm über Elfmeter beigebracht hatte.
„Du musst deinen Gegner zwingen, dir in die Augen zu schauen“, hatte er gesagt und seinerseits Jo tief in die Augen geblickt.
„Wenn du das erreicht hast, hast du schon halb gewonnen. Denn dann kannst du mit ihm kommunizieren und ihm die Angst vorhalten, die du in seinen Augen liest.

Jeder Elfmeterschütze hat Angst vor dem Freistoß, Jo, viel mehr Angst als der Torwart. Denn für einen Schützen ist die Schmach, die ihn ereilt, wenn er das Tor nicht trifft, viel größer als für den Torwart, wenn er nicht hält. Jeder erwartet von dem Schützen, dass er trifft, und das ist seine große Schwäche in dem Moment, die du ausnutzen kannst."

Jo öffnete die Augen und blickte zu dem Schnauzer hinüber. Er legte sich den Ball umständlich auf den Elfmeterpunkt und ging dann, den Blick auf den Ball geheftet, acht Schritte zurück. Jo zählte mit und rechnete sich aus, dass der Schnauzer mit rechts schießen würde. Er zupfte an seinem Stutzen herum, als sei er verrutscht. Der Schiedsrichter sah zu ihm herüber und wartete darauf, dass er sich aufstellte. Der Schnauzer hatte seinen Blick keine Sekunde von dem Ball genommen, doch nun begann er sich zu wundern, warum kein Pfiff kam. Er sah auf und begegnete Jos Blick.
„Bingo", dachte Jo und grinste breit, als er das nervöse Flackern in den Augen seines Gegners sah. Der Schnauzer wandte seinen Blick schnell ab, aber Jo wusste, dass er ihm in diesem kurzen Augenblick vermittelt hatte, dass seine Angst größer war als Jos eigene. Der Schnauzer holte tief Luft. Jo sah seinen Anlauf wie in Zeitlupe. Er sah das Muskelspiel der mahlenden Kiefer, die rudernden Arme. Beim Abschuss verlagerte er sein Gewicht nach rechts hinten und verriet Jo damit, dass er in die linke obere Ecke schießen würde. Um ihn zu täuschen, zeigte der Schnauzer mit einer Hand auf die rechte Ecke, aber Jo sah das Zögern in dieser Bewegung und ließ sich davon nicht ablenken. Der Ball kam ordentlich platziert. Jo setzte zum Sprung an und boxte den Ball weit ins Seitenaus.

Das Publikum tobte.

Kapitel 13

Aka

„Du verrücktes Weißbrot, du!“, flüsterte Aka fassungslos vor sich hin, stieß dann einen gellenden Freudenschrei aus und lief quer über den Platz, um Jo zu umarmen, der ihm schon entgegenkam und über das ganze Gesicht strahlte. Ihre Mannschaftskameraden kamen ebenfalls angerannt. Kurz vor Jo stoppten sie jedoch ab und klatschten untereinander ab, als trauten sie sich nicht, näher zu kommen. Nur Kafil drängelte sich durch, nahm Aka und Jo gleichzeitig in den Arm, stieß einen Kampfesschrei aus und hob sie in die Luft. Da war es auch um die Zurückhaltung der anderen geschehen. Zuerst stürzte sich Mandla auf die drei, es folgten Wesley, Philani und Xolo. Themba und Lindani hüpften außen um das Spielerknäuel herum und versuchten, eine Lücke zu finden, um Jo erreichen zu können. Nur Tau stand daneben und blickte etwas spöttisch auf seine durchgeknallten Mannschaftskameraden. Ein Lächeln konnte jedoch auch er sich nicht verkneifen.

Da ertönte ein durchdringender Pfiff. Aka blickte sich um und sah den Schiedsrichter mit dem Ball am Mittelpunkt stehen, neben ihm ein gegnerischer Spieler. Die würden doch wohl nicht …? Doch da sah er bereits den Schnauzer mit dem Ball losmarschieren. Beifall brandete in der Kurve der Pirates-Fans auf. Akas Mannschaft hatte sich seitlich am Sechzehnmeterraum versammelt, der Weg zum Tor war also frei. Aka stieß ein löwenartiges Gebrüll aus, dass seine Kameraden erschreckt auseinanderstoben, und sprintete los. Mit großen Schritten rannte er auf den Schnauzer los, der zügig auf das Tor zusteuerte. Aka spürte die Wut in seinen Schläfen pochen und ermahnte sich selbst zu Vorsicht. Er hörte Jimmy etwas rufen, konnte jedoch wegen des Lärms auf der Tribüne nichts verstehen. Wenn er dem Schnauzer auch nur ein Haar krümmte, würde ihn der Schiedsrichter vom Platz werfen, das war ihm klar. Und diese Genugtuung würde er ihm nicht verschaffen. Überrascht sah der Schnauzer auf, als Aka auf ihn zuschoss. Diesen Moment nutzte Aka aus und trat mit voller Wucht gegen den Ball, der weit ins Aus flog. Keuchend blieb Aka stehen. Hinter ihm hatte Jo gerade sein Tor erreicht. Der Schnauzer funkelte Aka wütend an, stieß ihn mit der Schulter aus dem Weg und lief dem Ball hinterher. Aka blickte empört zum Schiedsrichter, um sich über den unfairen Anstoß zu beschweren, aber die Buhrufe von der Tribüne machten jede Kommunikation unmöglich. Ungerührt pfiff der Schiedsrichter zum Einwurf, als sei nichts geschehen.

Noch zehn Minuten zu spielen. Es stand noch immer 1:1. Das Spiel wurde immer verbissener. Wie Dampfwalzen pflügten die Pirates über den Platz. Bei einem seiner rücksichtslosen Angriffe ging der Schnauzer derart brutal gegen Wesley vor, dass dieser vom Platz getragen werden musste und Jimmy Nelson für ihn einwechselte. Die Kaizer Chiefs hatten im Angriff nicht genug Power, ohne Malaika waren sie deutlich geschwächt. Aka rannte, was das Zeug hielt, schaffte es aber nicht, sich allein durch die kompakte gegnerische Abwehr zu kämpfen. Sobald auch nur der leiseste Verdacht bestand, dass er im Abseits stehen könnte, pfiff der Schiedsrichter ab. Akas Wut wurde immer größer. Dieser Armleuchter machte das ganze Spiel kaputt.

Der gegnerische Torwart spielte einen nachlässigen Abstoß, den Lindani in ungewohnt artistischer Weise ergatterte und zu Mandla köpfte. Der sauste leichtfüßig los und trickste den ersten Gegner mit einem geschickten Dribbling aus. Den Zweiten ließ er stehen, indem er über dessen harte Grätsche hinwegsprang und dabei den Ball mitnahm. Bei Mandla schien die Wut zu einer perfekten Ballführung zu führen, beobachtete Aka fasziniert. Er sprintete los, als Mandla fast beim Sechszehner angekommen war und ein gegnerischer Spieler das Abseits aufhob. Mandlas hohe Flanke kam perfekt, Aka musste nur noch einige Schritte laufen, dann würde sie direkt ... Da fühlte er plötzlich ein Gewicht, das ihn nach hinten zog. Aus dem Augenwinkel sah er, dass ein gegnerischer Spieler hinter ihm rannte und an seinem T-Shirt zerrte. Aka sah den Ball auf sich zukommen, nur wenige Meter vor ihm würde er aufkommen, wenn der Typ ihn weiter festhielt, würde er ihn jedoch verpassen. Blitzschnell drehte er sich zu seinem Anhängsel um, bückte sich mit erhobenen Armen und schlüpfte so aus seinem ausgeleierten Shirt. Er war frei. Als er sich wieder umdrehte, war der Ball schon fast vor ihm.

Der Torwart war aus seinem Tor herausgekommen, um den Ball zu fangen, denn er hatte nicht mehr damit gerechnet, dass ihm noch jemand in die Quere kommen würde. Aka machte einen Riesensatz und hechtete dem Ball entgegen. Im Fallen erwischte er ihn mit dem Kopf, und der Ball flog in einem Bogen über den Torwart hinweg ins Tor.

Aka blieb erschöpft auf dem Boden liegen und wartete auf den Pfiff des Schiedsrichters, dass er im Abseits gestanden, den Torwart belästigt oder sich unerlaubt seines T-Shirts entledigt hätte. Am Fluchen des gegnerischen Torwarts erkannte er jedoch, dass das Tor tatsächlich zählte. Als er den Kopf hob, sah er auch schon Mandla auf ihn zustürmen. In den ohrenbetäubenden Lärm des Publikums mischen sich die Jubelschreie seiner Mannschaftskameraden, die ihn einer nach dem anderen unter sich begruben.

Später in der Kabine herrschte großes Stimmengewirr.
„Aka, das war einfach unglaublich!“, kreischte Mandla, „die Nummer mit dem T-Shirt musst du mir unbedingt noch mal zeigen, das war echt der Hammer!“ Mandla schüttelte sich aus vor Lachen.
Aka grinste breit. „Frag mich nicht, wie ich auf diese Idee gekommen bin, ich wollte einfach nur diesen Typen loswerden, und da er mein Shirt gepackt hatte, war das der einzige Weg.“ Alle lachten und schrien durcheinander, jeder wollte berichten, wie komisch die Situation gewesen war.
„Und wie Jo den Schnauzer beim Elfer ausgetrickst hat, einfach irre!“, rief Kafil in das Durcheinander. „Mann, dessen Gesicht hätte ich gern als Poster über meinem Bett hängen!“ Er schlug sich lachend auf die Schenkel und dann Jo auf die Schulter.
„Mandla, du musst mir unbedingt deinen Trick verraten, wie du im Springen den Ball mitnimmst, das will ich auch können!“, brüllte Lindani quer durch die Kabine. „Ich habe einfach keine Ahnung, wie du das gemacht hast!“
Tau lief durch den Raum und hielt Malaika die ausgestreckte Hand hin. „Hey, Malaika, gib mir fünf! Dem Schiedsrichter eine zu pfeffern, Respekt, das war für mich das Highlight des Spiels!“ Malaika versuchte, grimmig zu gucken, musste dann aber doch lachen und klatschte mit ihm ab. „Der wird mich nicht noch einmal betatschen, das schwöre ich dir!“

„Hey Leute, hört mal her“, versuchte sich Jimmy Gehör zu verschaffen. Aber niemand hörte auf ihn, aufgeregt schnatterten die Spieler weiter kreuz und quer durch die Kabine, lachten, wüteten, schüttelten den Kopf und klatschten begeistert in die Hände. Jimmy holte seine Pfeife aus der Tasche und blies einmal kurz hinein. Das zeigte Wirkung, es wurde still. Erwartungsvoll sahen sie zu ihm auf.
„Das war wirklich ein irres Spiel, Glückwunsch, Chiefs, das habt ihr toll gemacht!“ Wieder grölten die Spieler los und klatschten in die Hände, wurden aber schnell wieder leise, als Jimmy mit erhobenen Händen deutlich machte, dass er weiterreden wollte.
„Es ist aber nicht nur die Tatsache, dass ihr es den Orlando Pirates und diesem unfairen Schiedsrichter gezeigt habt. Das war großartig, aber noch nicht alles. Vielmehr bin ich deswegen stolz auf euch, weil ihr heute als ein richtig gut funktionierendes Team gespielt habt. Man hat gemerkt, dass ihr auf dem Feld einer für den anderen da wart. Als Malaika vom Platz geflogen ist, seid ihr als Mannschaft enger zusammengerückt. Nur dadurch konntet ihr die Lücke, die sie hinterlassen hat, ausfüllen. Die Pirates hatten keine Chance, diese Lücke für sich zu nutzen, das war wirklich beeindruckend und macht mich sehr stolz auf euch!“
Nach dieser Lobenshymne blieb es ruhig in der Kabine, aber die Gesichter strahlten Jimmy an, verschwitzt, erschöpft und glücklich.

Als Aka und Jo aus der Kabine traten, kamen ihnen Jos Eltern entgegen. Jos Mutter nahm Jo in den Arm und sagte: „Meine Güte, das war ja ein Spiel! Hier weht ein etwas anderer Wind als in Berlin, was? Mir ist ja fast das Herz stehen geblieben, als du das Feuerzeug an die Schläfe bekommen hast. Ist denn alles ok mit dir?“ Besorgt untersuchte sie seinen Kopf.
„Ja, Mom, ist alles ok, keine Sorge“, sagte Jo etwas unwirsch. Aka grinste. Ihm war es auch immer peinlich, wenn seine Mutter ihn vor seinen Freunden wie ein Mamasöhnchen aussehen ließ.
Jos Vater rettete die Situation und streckte Aka seine Hand entgegen. „Hallo, ich bin Bernd, Jos Vater.“
Aka nahm schüchtern die Hand. „Schön, Sie kennenzulernen. Ich bin Akani.“
„Wahnsinnstor, das du da zum Schluss gemacht hast!“, sagte Jos Vater anerkennend. Aka blickte verschämt zu Boden.

„Den Trick mit dem Shirt habe ich ja vorher noch nie gesehen", sagte Jos Mutter augenzwinkernd und streckte ihrerseits Aka ihre Hand hin. „Hallo Akani. Ich bin Kate. Jo hat schon viel von dir erzählt!"
Aka sah sie erstaunt an. Jo hatte seiner Mutter von ihm, Aka, erzählt? Er hätte nicht gedacht, dass Jo außerhalb von Soweto überhaupt noch an ihn oder die Mannschaft denken würde. In seiner Welt gab es doch sicherlich Spannenderes.
„Nur Gutes natürlich!", beeilte sich Jo zu sagen.
„Natürlich!", lachte Jos Mutter. „Ich freue mich, heute endlich mal einen von Jos neuen Freunden kennenzulernen. Akani, hast du nicht vielleicht Lust, gleich mit Jimmy zu uns zum Essen zu kommen? Jo könnte dir seine Paninibild-Sammlung zeigen, und vielleicht spielt ihr eine Runde Playstation oder geht im Pool schwimmen? Aber vorher unter die Dusche, wenn ich euch Dreckspatzen so ansehe!" Sie sah von einem zum anderen. „Und wie ich euch Jungs kenne, habt ihr doch sicherlich nach diesem Spiel einen Mordshunger!"
Aka wusste nicht, was er sagen sollte. Zumal er nur die Hälfte verstanden hatte von dem, was Jos Mutter sagte. Was für Bilder? Und was war eine Playstation? Das Wort Mordshunger hatte er jedoch sehr gut verstanden, und der Gedanke daran, heute etwas anderes zu bekommen als den drögen Maisbrei, der ihn zu Hause erwartete, ließ ihm schon jetzt das Wasser im Mund zusammenlaufen. Nur wusste er gar nicht, was er anziehen sollte. Noch sah Jo fast genauso lädiert aus wie er, aber sicherlich würde er zu Hause viele schöne Sachen haben, während Aka nur ein ebenso verwaschenes Hemd anziehen könnte – wenn es denn sauber war. Von seiner schmuddeligen Jeans ganz zu schweigen. Er zögerte.
„Komm schon, Aka, das wäre doch lustig!" Jo schlug ihm aufmunternd auf die Schulter. „Meine Mutter ist eine super Köchin, da brauchst du dir keine Sorgen zu machen. Ich habe mir für heute nach dem Fußball eines meiner Lieblingsessen gewünscht: Spaghetti Bolognese. Die magst du doch sicher auch?"
Aka sah ihn verständnislos an. Was war das denn nun schon wieder? „Ja, sicher, finde ich auch toll!", sagte er schnell. Ihm wurde etwas mulmig zumute. Er hatte noch nie einen Freund gehabt, der nicht in Soweto gewohnt hatte. Und er wusste nicht, ob es ihm so viel Spaß machen würde, Jos Welt kennenzulernen. Mittlerweile fand er, dass Jo ein ziemlich cooler Typ war, aber was, wenn er in seiner Welt ein

ganz anderer Jo sein würde, als er es hier in Soweto und auf dem Fußballplatz war?
„Ich muss erst meine Mutter fragen, ob das o.k. wäre“, sagte er unsicher. „Und Jimmy, ob er mich anschließend wieder nach Hause fährt. Und frische Klamotten habe ich auch nicht dabei.“
„Kein Problem, du bekommst Sachen von mir, da finden wir bestimmt etwas“, sagte Jo begeistert. „Wir beide können ja bei Jimmy mitfahren und bei deiner Mutter anhalten, dann kannst du sie fragen.“

Auf dem Weg zu ihrer Hütte kaute Aka nervös auf seiner Unterlippe herum. Was würde seine Mutter dazu sagen, dass er einen weißen Freund in – wo war das noch? Auckland Park? – besuchen wollte? Sicherlich würde sie sich auch gleich Sorgen darüber machen, wie er aussah. Mit dem nach der Zerr-Attacke noch schlimmer ausgeleierten Shirt würde sie ihn bestimmt nicht gehen lassen. Jimmy hielt vor der Hütte.
„Soll ich mitkommen?“, fragte er leise.
„Nein, danke, das wäre keine gute Idee“, antwortete Aka und stieg aus. Unmöglich konnte er Jimmy mit reinnehmen. Er fand die Situation so schon peinlich genug.
„Ich bin gleich wieder da“, sagte er und stieg aus.
Seine Mutter war in der Küche mit der Zubereitung des Abendessens beschäftigt. Khulekani und Bheka saßen am Tisch und machten Hausaufgaben. Als Aka reinkam, sprangen sie auf und klopften ihm auf die Schulter.
„Alter, was für ein Spiel!“, brüllte Khulekani, als müsste er noch immer im Stadion mehrere Hundert Vuvuzelas übertönen. „Den Pirates habt ihr es so richtig gezeigt! Bei deinem ersten Tor dachte ich, ich traue meinen Augen nicht! Wie hast du das gemacht? Das sah aus, als würdest du von einem Seil gezogen werden, Wahnsinn, Mann!“
Aka grinste. Khulekani hatte als Einziger erkannt, was da mit ihm passiert war. „Ja“, sagte er, „ein bisschen so war es auch. Es war, als wäre ich einer roten Linie gefolgt. Kann ich auch nicht genau erklären.“
„Und sag mal, euer Torwart ist aber auch echt eine Bombe!“, fiel Bheka mit ein. „Als hätte er vor dem Elfer den Gegner verhext, das

war echt cool! Und die Geschichte mit dem Feuerzeug hat der ja auch recht locker weggesteckt. Also, für ein Weißbrot scheint das ein ganz cooler Typ zu sein!"
Aka runzelte die Stirn. Irgendwie gefiel es ihm nicht, dass Bheka Jo mit diesem abwertenden Ausdruck versah. Da erinnerte er sich verschämt, dass er Jo während des Spiels selbst so genannt hatte. Aber das hatte ja niemand hören können. Und irgendwie hatte er es da ja auch eher nett gemeint.
„Der ist kein Weißbrot", sagte er. „Er heißt Jo und ist echt o.k."
Da drehte sich seine Mutter zu ihm um und streichelte ihm über den Kopf. „Glückwunsch zum Sieg, Akani!", sagte sie und lächelte ihn an.
Aka atmete auf. Seine Mutter schien gute Laune zu haben, da standen die Chancen gut, dass sie ihm erlauben würde, die Einladung von Jos Eltern anzunehmen.
„Danke!", sagte er und lächelte zurück. „Das war echt ein tolles Spiel." Er holte tief Luft.
„Ma, Jos Eltern haben Jimmy und mich eingeladen, den Sieg bei ihnen zu feiern. Ich habe gesagt, ich muss dich erst fragen, ob ich gehen darf. Jimmy würde mich nach dem Essen wieder hierher fahren. Darf ich gehen?" Gespannt beobachtete er die Reaktion seiner Mutter. Plötzlich stand eine Sorgenfalte auf ihrer Stirn, und sie sah ihn nachdenklich an.
„Bitte, Ma, sie haben mich so nett eingeladen. Wir dürfen im Pool schwimmen, hat Jos Mutter gesagt. Und es gibt Jos Lieblingsessen, keine Ahnung, was, aber es klang lecker!" Flehend sah er seine Mutter an. Das Gesicht seiner Mutter wurde weich.
„Na gut, geh schon", sagte sie. Aka strahlte sie an und gab ihr einen Kuss auf die Wange. „Aber du bist um acht wieder hier, sag das deinem Jimmy!", rief sie ihm hinterher, als Aka bereits zur Tür gehechtet war.

Während der Fahrt wurde natürlich das Spiel noch mal in all seinen Details besprochen. Jimmy musste lachen, als Aka und Jo sich gegenseitig in der Dramatik einzelner Szenen überboten. Erstaunlicherweise fanden die beiden Jungs die Szenen des jeweils anderen noch weit aufregender als die, an denen sie selbst beteiligt gewesen waren. So verging die Fahrt wie im Flug, und Aka hatte gar nicht

darauf geachtet, wo sie langgefahren waren. Als sie die Einfahrt zum Haus der Wolffs hinauffuhren, wurde Aka plötzlich still. Das Geschnatter während der Fahrt hatte ihn von der Situation abgelenkt, die da unmittelbar vor ihm lag, und die ihm ordentlich Angst machte. Nun starrte er das riesige Haus an, vor dem sie angehalten hatten, und hätte sich am liebsten in Luft aufgelöst. Da zerrte Jo aber auch schon an seinem Arm.
„Los, komm schon, ich zeig dir erst mal mein Zimmer!"
Jimmy klopfte Aka aufmunternd auf den Rücken. „Geh schon", sagte er leise. „Es tut gar nicht weh, mal etwas Neues kennenzulernen."
Aka lächelte ihn tapfer an und stieg aus dem Wagen.

Als sie das Haus betraten, kam ihnen Jos Vater mit Tränen in den Augen entgegen.
„Dad, was ist denn passiert? Warum weinst du denn?", fragte Jo entsetzt.
Jos Vater lachte. „Nichts, keine Sorge, ich habe gerade Zwiebeln geschnitten." Er wischte sich mit einem Geschirrtuch über die Augen und schniefte.
„Kommt, Jungs, erst einmal ab unter die Dusche mit euch! Jo, geh du ins Bad nach oben, Akani, wir haben dir hier unten im Bad ein Handtuch und einen Trainingsanzug von Jo hingelegt, der ihm etwas klein geworden ist. Ich hoffe, er passt dir."
Jos Vater zeigte Aka das Bad und ließ ihn allein.
Aka sah sich um und bekam den Mund vor Staunen nicht mehr zu. Er hatte noch nie ein solches Bad gesehen – geschweige denn eines benutzt. Schnell schlüpfte er aus seinen verschmutzten Klamotten und stellte sich unter die Dusche. Wie herrlich warm und weich das Wasser auf ihn herab prasselte! Er hielt das Gesicht in den Strahl und prustete wie ein Walross. Ob es hier wohl auch Seife gab? Er sah sich um. Nur Plastikflaschen, aber kein Stück Seife. Er nahm einen großen Klecks aus einer Flasche auf die Hand und seifte sich von Kopf bis Fuß damit ein. Dann genoss er noch einmal ausgiebig das warme Wasser. Nach zehn Minuten stieg er aus der Dusche und fühlte sich wie neugeboren. Er hüllte sich in das flauschige Handtuch und wäre am liebsten für immer in diesem Badezimmer geblieben. Dann fiel sein Blick auf den Trainingsanzug von Jo, der aussah wie neu. Er schlüpfte hinein und krempelte Beine und Arme zweimal um

– passte perfekt! Sogar Strümpfe hatten Jos Eltern ihm hingelegt. Ungelenk schob er seine Füße hinein. Dann legte er sorgfältig das Handtuch zusammen und verließ das Bad.

„Aka, wo bleibst du denn? Ich dachte schon, du seist abgesoffen!", rief Jo ihm entgegen. „Komm, wir gehen in mein Zimmer, bis das Essen fertig ist!" Jo sprintete die Treppe hinauf, Aka folgte etwas langsamer. Er brauchte ein bisschen Zeit, die vielen neuen Eindrücke zu verarbeiten. Er berührte die glänzende Holztreppe und die Tapete an den Wänden und betrachtete fasziniert die vielen Bilder an den Wänden, auf denen komische Muster und Figuren zu sehen waren.

Jos Zimmer war tapeziert mit Postern von Fußballstars, die Aka nicht kannte. Aber er kannte ja eh nur Fußballer aus Südafrika. Ein schwarzer Spieler war dazwischen. „Spielen bei euch auch schwarze Spieler?", fragte er Jo.

„Na klar!", sagte Jo entrüstet. „In der Ersten Bundesliga, so heißt die Premier Soccer League bei uns, gibt es viele schwarze Spieler aus aller Welt. Es spielen ja auch schwarze Spieler in unserer Nationalmannschaft."

Aka sah sich schüchtern um. Er dachte an seine schmucklose Hütte in Soweto, an die durchgelegene Couch, die er sich mit Delani teilte und daran, dass ihre Hütte kaum größer als dieses Zimmer hier war. „Schläfst du hier ganz allein?", fragte er Jo, berührte sanft die weiche Matratze und streichelte über die kuschelige Daunendecke.

„Klar, was denkst du denn?", fragte Jo lachend zurück. „Meinst du, ich schlafe bei meinen Eltern?"

„Meine Schwester schläft bei unseren Eltern. Und ich teile mir ein Bett mit meinem kleinen Bruder", sagte Aka säuerlich. „Es wohnt schließlich nicht jeder in so einem Luxushaus", hätte er fast noch gesagt, biss sich aber auf die Zunge. Jo konnte ja nun auch nichts dafür, dass sie in zwei unterschiedlichen Welten lebten. Und außerdem fand er die Vorstellung, nachts ganz allein in einem so großen Zimmer zu liegen, gar nicht so verlockend.

Kapitel 14

Jo

Akas dunkle Augen funkelten ihn an. Jo legte die Spielkonsole weg, die er Aka gerade hatte zeigen wollen, und setzte sich hin.
„Tut mir Leid“, sagte er zerknirscht. „Für mich ist das alles natürlich ganz normal. Dieses Haus. Dieses Zimmer. Meine Playstation. Ich habe vergessen, dass es das für dich nicht ist.“
„Schon o.k.“, sagte Aka.
„Sahra, Jo, Akani, kommt runter, das Essen ist fertig!“, rief Jos Mutter.
„Wer ist Sahra?“, fragte Aka.
„Meine kleine Schwester“, sagte Jo und verdrehte die Augen gen Himmel.
„Das kenne ich“, sagte Aka. Lachend gingen sie die Treppe hinunter. Unten angekommen, hielt Jo Aka am Ärmel fest. „Lass uns versuchen, von Jimmy noch etwas über den Weltpokal zu erfahren. Vielleicht gibt es ja Neuigkeiten!“
„O.k.“, raunte Aka zurück. „Aber wir müssen vorsichtig sein, wir dürfen nicht verraten, was wir für einen Verdacht haben. Wenn Jimmy damit zur Polizei geht, kann ich mich in Soweto nicht mehr blicken lassen.“

Beim Essen fragte Sahra sie Löcher in den Bauch und ließ sich Malaikas Ohrfeige dreimal in allen Einzelheiten schildern.
„Das hat sie echt gesagt? Das Mädchen will ich auch mal kennenlernen, die finde ich ganz schön krass! Mom, Dad, nächstes Mal möchte ich auch mitkommen zu dem Spiel! Dann zeige ich diesem Schiedsrichter, wie man richtig mit Mädchen umgeht! Und ich hätte ja Lust, so einem fiesen Lappen ordentlich vors Schienbein zu treten, wenn der wieder so gemeine Sachen macht. Vielleicht kann ich ja auch bei euch in der Mannschaft spielen? Ich hatte in der Schule auch schon mal Fußball!“
Jo lachte laut los und stellte sich Sahra auf dem Platz neben Malaika vor. „Vergiss es, Sahra, du würdest nach zwei Minuten heulend vom Platz rennen. Auch wenn in unserer Mannschaft ein Mädchen mitspielt, heißt das nicht, dass wir Mädchenfußball spielen! Malaika ist eine verdammt harte Nuss, die steckt mehr weg als die meisten von

uns."
Sahra sah Aka an. „Vielleicht könnt ihr mir ja ein bisschen Nachhilfe geben?"
Aka antwortete nicht. Erst da fiel Jo auf, dass Aka merkwürdig ruhig war und konzentriert auf Jos Gabel starrte, mit der er gerade eine Ladung Spaghetti aufrollte. Bei Akas Versuch, das nachzumachen, rollten sich entweder alle Nudeln auf seinem Teller auf einmal auf die Gabel und endeten in einem einzigen großen Klumpen, oder aber es bleib keine einzige Nudel an der Gabel hängen und flutschte stattdessen zurück auf den Teller.
„Will noch jemand ein Messer? Nach diesem Fußballspiel ist mir das Nudelaufrollen echt zu anstrengend", sagte er und holte ein paar Messer aus der Küche. Dankbar nahm Aka eines entgegen und zerschnitt wie Jo seine Nudeln in kleine Stücke. In null Komma nichts hatte er seinen Teller leergegessen und nickte freudestrahlend, als Jos Mutter ihm einen zweiten Teller anbot.

Nach dem Essen verschwand Sahra wie immer in ihrem Zimmer, um ihre Freundin Merle im Chat zu treffen.
Aka sah Jo an. „Sie trifft eine Freundin aus Deutschland hier in ihrem Zimmer?", fragte er mit großen Augen. Mittlerweile schien er in diesem Haus alles für möglich zu halten.
„Nein, nicht wirklich in ihrem Zimmer", lachte Jo. „Sie treffen sich mit dem Computer. Ist wie telefonieren, nur dass man sich schreibt, anstatt miteinander zu reden."
Aka schüttelte verständnislos den Kopf. „Zeige ich dir später mal", sagte Jo und stieß Aka unter dem Tisch an, das Zeichen, dass sie nun versuchen sollten, mit Jimmy zu reden. Aka nickte unmerklich.
Als hätte Jimmy Gedanken lesen können, sagte er zu Jos Mutter: „Kate, können wir zu den Nachrichten mal kurz den Fernseher anschalten? Ich würde gern wissen, ob es Neues zum Weltpokal gibt. Ich habe heute gar nichts gehört."
„Gab es denn gestern noch was Neues?", fragte Jo und spürte, wie sein Herz heftig zu klopfen anfing. Auch Aka fuhr sich mit der Zunge über die plötzlich trockenen Lippen.
„Ja, und zwar etwas sehr Erfreuliches. Es gab nämlich einen großen Fortschritt in den Ermittlungen", sagte Jimmy und senkte unwillkürlich die Stimme. „Das dürft ihr aber niemandem erzählen. Aus er-

mittlungstechnischen Gründen wird diese Information auch nicht an die Medien weitergegeben. Wie ihr wisst, wurde am Tatort kein einziger Fingerabdruck gefunden, weil die Täter Handschuhe getragen haben. Aber ich habe euch doch erzählt, dass eine Kette entdeckt wurde, die die Täter verloren haben, mit diesem mysteriösen Symbol mit den zwei Fäusten drauf. Und auf der Rückseite genau dieses Anhängers konnten die Ermittler einen wunderschönen Fingerabdruck feststellen!"

Aka horchte auf. Er war immer noch nicht darauf gekommen, wo er dieses Symbol schon einmal gesehen hatte. Irgendwie hatte er es bloß ganz undeutlich vor Augen. Wann nur hatte er es schon einmal gesehen?

Jo spürte, wie seine Hände feucht wurden. „Das heißt, sie dürften die Täter bald haben, oder?", fragte er und versuchte, seine Aufregung zu verbergen. Wenn er zu viel Interesse zeigte, würden Jimmy und seine Eltern fragen, warum er sich diese Geschichte so sehr zu Herzen nahm. Letztendlich war es ja doch nur ein Gegenstand, um den es hier ging, auch wenn es der Weltpokal war. Auf jeden Fall kein Grund, mitzufiebern, als ginge es um Leben und Tod.

„Naja", sagte Jimmy und wiegte den Kopf hin und her, „so einfach ist das ja nun auch nicht. Zwar haben sie jetzt einen Fingerabdruck, aber solange sie keinen Verdächtigen haben, bringt ihnen dieser Fingerabdruck auch nichts. Bei der Suche nach identischen Fingerabdrücken in der Verbrecherkartei hat die Polizei nämlich nichts gefunden."

„Das heißt, wenn es einen Verdächtigen gäbe, müsste man bloß einen Fingerabdruck von ihm besorgen, um ihn zu überführen", sagte Aka nachdenklich, mehr zu sich selbst als zu den anderen.

„Was willst du damit sagen?", fragte Jimmy und sah Aka durchdringend an. „Hast du etwa eine Ahnung, wer den Pokal geklaut haben könnte?"

„Was? Ich?" Aka schreckte aus seinen Gedanken hoch. „Nein, ganz und gar nicht, ich habe keinen blassen Schimmer!"

Jimmy sah Aka lange an und wollte noch etwas sagen. Da stellte Jos Vater den Fernseher lauter, denn die Nachrichten fingen an, und alle rückten näher heran, um ja nichts zu verpassen. Ein Reporter des Senders SABC stand vor dem Soccer City Stadion.

Im Hintergrund sah man diverse Vertreter anderer Sender. Jo konnte einen Ü-Wagen der ARD erkennen. Dieses Thema interessierte natürlich die Medien aus aller Welt.

„... heute große Neuigkeiten. Wie die FIFA vor wenigen Minuten in ihrer heutigen Pressekonferenz zum Stand der Ermittlungen im Weltpokal-Raub mitteilte, ging heute eine Lösegeldforderung in Höhe von zehn Millionen Rand ein."

„Zehn Millionen Rand?", schrie Aka und fiel vor Entsetzen beinahe vom Sofa.

„Das sind eine Million Euro!", staunte Jo und sah Aka mit großen Augen und aufgeblasenen Wangen an.

„Psst, seid mal ruhig, vielleicht erfahren wir noch mehr!", zischte Jos Vater und drehte den Ton nochmals lauter.

„... ging per Telefon im FIFA-Büro ein. Der Anrufer hat noch keine Einzelheiten zur Übergabe des Geldes gemacht, aber bereits angekündigt, dass das Geld binnen 48 Stunden zur Verfügung stehen muss. In einem ersten Statement der FIFA war zu erfahren, dass nicht geplant ist, auf diesen Erpressungsversuch einzugehen. Man würde sonst für kommende Fußball-Großereignisse einen Präzedenzfall schaffen und wolle auf keinen Fall Nachahmer ermutigen, indem die Diebe – oder soll man sagen Entführer? – dieses Mal erfolgreich sind.

Wie alle Fernsehstationen blenden wir nun noch einmal ein Bild der Kette ein, die am Tatort gefunden wurde und die vermutlich von den Tätern stammt. Wer irgendwelche Hinweise zu dieser Kette oder dem Symbol mit den zwei Fäusten machen kann, verständige bitte umgehen die nächste Polizeistation. Und damit zurück ins Studio."

Jos Vater schaltete den Fernseher aus. „Was für abgebrühte Halunken", sagte er und schüttelte den Kopf. „Und ganz schön clever, meinen sie jedenfalls."

„Aber da haben sie die Rechnung ohne die FIFA gemacht!", sagte Jimmy grimmig. „Eher wird die Fußball-WM ohne Pokal beginnen, als dass sich die FIFA erpressen lässt." Er seufzte tief.

„Es ist nur einfach sehr schade für diese Veranstaltung, die für Südafrika und das Ansehen dieses geschundenen Landes in der Welt so wichtig ist. Nun wird sich im Nachhinein niemand an die gute Organisation der ersten Fußball-WM auf afrikanischem Boden erinnern, sondern nur daran, dass hier der Weltpokal gestohlen werden konn-

te.“ Niedergeschlagen ließ er die Schultern hängen.
„Darauf gönnen wir uns erst mal ein Bier, was meint ihr?“, fragte Jos Vater und sah seine Frau und Jimmy an, die beide gleichzeitig nickten.
„Dann können wir uns ja noch mal verkrümeln“, sagte Jo. „Komm Aka, ich wollte dir doch noch was in meinem Zimmer zeigen“, er winkte Aka, mit ihm zu kommen.
Aka, der noch immer wie versteinert auf den schwarzen Bildschirm gestarrt hatte, schreckte hoch. „Wie? Ach so. Klar, ich komme.“
In seinem Zimmer schloss Jo sofort die Tür. „Zehn Millionen Rand, die spinnen ja wohl! Was machen wir denn jetzt bloß? In ein paar Tagen geht die WM los. Irgendwas müssen wir doch tun!“
Aka setzte sich nachdenklich aufs Bett. Diesmal hatte er kein Auge für die vielen wundersamen Dinge in Jos Zimmer, die er noch nie zuvor gesehen hatte.
„Wir können aber nicht zur Polizei gehen ohne Beweise. Die glauben uns niemals. Und wenn wir die Polizei ins Spiel holen, muss gesichert sein, dass die Outsiders hinter Schloss und Riegel landen. Sonst geht es mir an den Kragen, das ist so sicher wie das Amen in der Kirche!“
„Aber wo sollen wir denn Beweise herbekommen?“, fragte Jo verzweifelt. „Sollen wir ein Foto davon machen, wie die Jungs um den Pokal herumsitzen? Am besten mit Blitzlicht durch das Fenster?“ Er zuckte hoffnungslos mit den Schultern. „Zumal ich mir nicht vorstellen kann, dass der Pokal noch immer in diesem ollen Schuppen ist, den haben sie bestimmt inzwischen woanders untergebracht. Ich habe echt keine Ahnung, wo wir Belastungsmaterial gegen die Typen herbekommen!“
„Ich schon“, sagte Aka langsam und sah Jo mit zusammengekniffenen Augen an. Der blickte ihn ungläubig an.
„Wir müssen die Fingerabdrücke der Gangmitglieder besorgen“, sagte Aka ruhig und ignorierte Jos entsetztes Luftschnappen.

Kapitel 15

Aka

Aka grinste von einem Ohr zum anderen. Als er gerade in den Nachrichten ein Foto von der Kette gesehen hatte, war ihm wieder eingefallen, wo er diesen Anhänger mit den zwei Fäusten schon mal gesehen hatte. Er war dabei etwas benommen gewesen, deswegen hatte er so lange gebraucht, darauf zu kommen. Er hatte es gesehen, als Yera, Adam und ihre Kumpel nach dem Wasserholen Ärger gemacht hatten. Das Symbol war vor ihm hin und her geschwungen, als Adam ihn geschubst hatte: Er hatte es auf der Kette gesehen, die Adam getragen hatte!

„Ich hab's!“, rief er und tanzte vor Jo durch das Zimmer.

„Psst, hör auf, sonst kommen meine Eltern gleich hoch und wollen wissen, was los ist!“, zischte Jo. „Was hast du? Nun sag schon!“

Aka erzählte Jo von dem Zusammenstoß mit den Outsiders und was dabei passiert war, wie Bheka verprügelt wurde und die Jungs den Kanister herumreichten und hineinspuckten.

„Und dann hat mich Adam geschubst und sich über mich gebeugt. Dabei baumelte diese Kette vor mir rum. Ich habe schon die ganze Zeit ein Klingeln im Ohr gehabt, wenn Jimmy von dem Symbol mit den Fäusten erzählte, aber ich kam nicht drauf. Bis gerade eben!“ Er strahlte Jo an. Er war sich nun ganz sicher: Dieses Symbol, das die Ermittler im Fall des entführten Weltpokals auf der Kette am Tatort gesehen hatten, war auch auf Adams Kette gewesen. Ob es nun genau Adams Kette gewesen ist, die am Tatort gefunden worden war, oder die Kette eines anderen Gangmitglieds, konnte er natürlich nicht wissen, aber es war eine Spur.

„Na toll“, sagte Jo, deutlich weniger begeistert. „Aber das mit der Kette ist doch schon längst durch die Medien gegangen. Wenn die Jungs nicht ganz auf den Kopf gefallen sind, haben die ihre Ketten längst verschwinden lassen.“

Aka grinste noch immer. „Ja, das ist mir auch klar. Aber wichtig ist die eine Kette, die sie verloren haben, als sie den Weltpokal geklaut haben. Die können sie nicht mehr verschwinden lassen. Und da ist ein Fingerabdruck drauf.“

„Na und?“, fragte Jo, der noch immer nicht verstand, worauf Aka hinaus wollte.

„Ich weiß, wie wir die Fingerabdrücke der Outsiders bekommen!“, Aka flüsterte jetzt, als stünden Yera und Adam vor der Tür.
„Oh nein, Aka, mach keinen Scheiß! Ich gehe nicht noch mal in diesen Schuppen und lege mich mit diesen fiesen Typen an!“ Jo sah Aka flehend an.
„Ist gar nicht nötig, reg dich ab!“, sagte Aka. „Ich habe die Fingerabdrücke schon. Hoffe ich jedenfalls.“
Jo riss die Augen auf. „Was hast du? Wie das denn? Woher hast du denn deren Fingerabdrücke?“
Aka sah Jo voller Genugtuung an. „Von unserem Wasserkanister!“

Jo starrte ihn an. „Meinst du, die sind da immer noch drauf?“
Aka lief aufgeregt im Zimmer hin und her. „Das weiß ich doch auch nicht! Ich bin mir sicher, dass zumindest Yera und Adam den Kanister mit beiden Händen gehalten haben, um direkt daraus zu trinken. Man fasst ihn ja eigentlich eher am Griff an und nicht am Körper, deswegen könnte die Chance bestehen, dass deren Fingerabdrücke noch zu erkennen sind. Und wir waren seit dem Zwischenfall erst einmal wieder Wasser holen, nämlich heute früh.“
„Und was machen wir jetzt? Willst du mit dem Kanister zur Polizei gehen?“, fragte Jo und wischte sich die vor Aufregung schweißnassen Hände an der Hose ab. „Was ist, wenn sie dann nichts feststellen können außer den Fingerabdrücken von dir und deiner Familie? Wie erklärst du dann deinen Verdacht?“
„Ich kann unmöglich zur Polizei gehen. Zum einen verdächtigen sie dann gleich mich, das ist nun mal so, wenn du aus Soweto kommst und irgendwo was geklaut wurde. Zum anderen ist es ganz egal, was dort herauskommt, die Outsiders werden erfahren, dass ich sie bei den Bullen anschwärzen wollte. Frag mich nicht, wie, aber sie erfahren so was immer. Die haben überallhin Beziehungen. Wenn ich nicht einen Kopf kürzer gemacht werden will, kann ich nicht zur Polizei gehen!“
Eine Weile standen sie nachdenklich im Zimmer herum und starrten vor sich hin. Da kam Aka eine Idee. Er wusste, dass sie Jo nicht begeistern würde, aber er sah keine andere Möglichkeit.

„Es müsste also jemand anderes zur Polizei gehen, jemand, der glaubwürdiger ist als ich“, sagte er und sah Jo an.

Der brütete weiter vor sich hin. „Ja, das stimmt“, sagte er nachdenklich. Dann bemerkte er Akas Blick.
„Was? Nee, du machst Scherze, Aka! Ich gehe nicht zur Polizei und schwärze irgendwelche Gangster aus Soweto an, das kannst du komplett vergessen! Was, wenn *mich* dort irgendwer sieht? Ich will ja in Zukunft auch noch weiter nach Soweto kommen, um mit euch Fußball zu spielen! Außerdem müsste ich ja einen Erwachsenen mitnehmen. Meine Eltern flippen aus, wenn ich denen davon erzähle. Dann haben wir beide uns zum letzten Mal gesehen, das kannst du aber glauben!“ Nun war es Jo, der im Zimmer auf und ab lief.
Aka hatte sich aufs Bett gesetzt und verfolgte Jos Wanderung mit ernstem Gesichtsausdruck. Es gab keine andere Lösung. Er kannte sonst niemanden, der zur Polizei gehen konnte, ohne gleich verdächtigt zu werden. Wenn er oder einer seiner Brüder eine Polizeistation betreten würde, käme gleich der Sicherheitsdienst zusammen. Wenn aber Jo in seinen sauberen Schuhen und den schicken Klamotten bei der Polizei auftauchte, auch noch in Begleitung eines weißen Erwachsenen, wären die Voraussetzungen ganz andere. Genau …
„Ich habe eine Idee“, sagte er. „Was hältst du davon, wenn wir Jimmy einweihen? Jimmy ist ein prima Typ, auf den man sich echt verlassen kann. Der macht bestimmt kein Theater. Und der wird schon dafür sorgen, dass du weiterhin bei uns Fußball spielen kannst. So einen Torwart finden wir schließlich kein zweites Mal“, er lächelte Jo aufmunternd an.
Der sah immer noch sehr zweifelnd aus. „Ich weiß nicht. Aber ich habe auch keine bessere Idee. O.k. Lass uns morgen nach dem Training in Ruhe mit Jimmy reden. Wir können ja vorsichtig anfangen. Wenn er uns komisch kommt, müssen wir uns was anderes ausdenken.“
Aka sah Jo fest in die Augen. „Jo, wir haben es gerade in der Hand, die Ehre meines Landes zu retten“, sagte er theatralisch und legte sich eine Hand aufs Herz. „Wenn wir etwas dazu beitragen können, dass diese Fußball-WM ein Erfolg und keine Katastrophe wird, dann müssen wir was unternehmen!“
Jo seufzte. „Ja, du hast ja recht. Am besten bringst du morgen gleich den Kanister mit, dann können Jimmy und ich gegebenenfalls gleich damit zur Polizei gehen.“
Aka stieß laut die Luft aus. „Gut, dann reden wir morgen“, sagte er

erleichtert. „Ich werde Jimmy noch nichts sagen, wenn er mich gleich nach Hause bringt. Ich gucke zu Hause erst, ob der Kanister da ist. Wenn nicht, können wir unseren Plan ja eh vergessen."

Auf dem Heimweg war Aka außergewöhnlich ruhig. Jimmy hatte kurz versucht, ihn auszufragen, wie es ihm bei Jo und seiner Familie gefallen hatte, aber er antwortete nur kurz angebunden. Er musste nachdenken. Daraufhin hatte Jimmy es aufgegeben und auch geschwiegen. Sicherlich dachte Jimmy, dass er diese vielen neuen Eindrücke erst einmal verarbeiten musste. Gut so.
In Gedanken war er jedoch schon dabei zu planen, wie er sich mit dem Wasserkanister aus dem Haus stehlen könnte. Grübelnd verbrachte er den Rest der Fahrt und bedankte sich geistesabwesend von Jimmy, als sie an seiner Hütte angekommen waren.

Drinnen ging er als Erstes in die Küche, um nach dem Kanister zu sehen, fand jedoch nur die beiden Eimer. Bheka und Khulekani waren noch nicht zu Hause, seine Mutter saß mit Delani auf dem Bett und spielte *Kalaha*, Zanele schlief daneben. Gerade nahm Delani seiner Mutter eine Bohne weg und jauchzte vor Vergnügen. Als Aka ins Zimmer trat, sah sie auf.
„Hallo Akani, wie war dein Abend bei deinem neuen Freund?", fragte sie, verschob eine Bohne auf dem Spielfeld und nahm wiederum Delani eine Bohne weg, der jetzt wütend schnaubte.
„Sehr nett, Jo hat eine tolle Familie!", sagte Aka schnell und hoffte, seine Mutter würde ihn nicht weiter ausquetschen. „Sag mal, weißt du, wo der Wasserkanister aus der Küche ist?", fragte er, bemüht, seine Anspannung nicht zu zeigen.
„Ja, den hat sich Kianga ausgeliehen. Zibonele ist krank und konnte heute kein Wasser holen, da habe ich ihr von unserem was abgegeben, wir haben noch genug. Dieser Mann ist wirklich eine Schande, ständig hat er ein Wehwehchen!" Sie schüttelte angewidert den Kopf. „Warum, was ist denn mit dem Kanister?", fragte sie.
„Ach, nichts", sagte Aka. Auch er wusste, dass Zibonele, Kiangas Freund, einfach zu faul war, morgens früh zur Wasserstelle zu laufen. Lieber saß er nutzlos mit seinen Freunden zusammen und kippte ein Hirsebier nach dem anderen in sich hinein. Häufig hörte man die beiden abends streiten, wenn Zibonele wieder einmal betrunken nach Hause kam.

Am nächsten Morgen war er dann wieder krank. So mussten sie ihnen ständig Wasser abgeben, was Aka und seine Brüder ganz schön nervte, weil sie selbst es jeden zweiten Tag schleppen mussten. Aber heute war es ihm ganz recht, mehr als recht sogar, denn ihm kam da eine Idee, wie er Ziboneles Unpässlichkeit für seine Zwecke ausnutzen konnte.
„Ach je, der arme Zibonele“, sagte er und ignorierte den irritierten Blick seiner Mutter. „Weißt du, ich könnte doch morgen etwas früher aufstehen, und für Kianga und Zibonele zur Wasserstelle laufen, was meinst du?“
Seine Mutter sah ihn an, als hätte er vorgeschlagen, nur noch auf einem Bein hüpfend Fußball zu spielen.
„Was für einer Gehirnwäsche haben sie dich denn heute Abend unterzogen?“, fragte sie kopfschüttelnd und wandte sich wieder ihrem Spiel zu. „Sonst sind dir doch die Tage, an denen du kein Wasser holen musst, heilig. Aber wenn du meinst, dann wecke ich dich gern morgen etwas früher. Mal sehen, ob du dann immer noch so großzügig bist.“

Aka atmete auf und ging zu Kiangas Hütte hinüber. Zaghaft klopfte er an. Kianga machte ihm auf. Als Aka sie sah, bekam er sofort weiche Knie. Er kannte Kianga seit sie vor fünf Jahren neben ihnen eingezogen war, aber erst vor Kurzem war ihm aufgefallen, wie schön sie war. Und irgendwie schien sie auf mysteriöse Art und Weise immer schöner zu werden. Lässig lehnte sie eine Hand gegen den Türrahmen.
„Hi Aka, wie geht's?“, fragte sie und lächelte ihn an.
Aka spürte, wie ihm das Blut in den Kopf schoss und ihm ein Schweißtropfen den Rücken hinablief.
„Hi Kianga. Danke, gut. Und mir? Äh, ich meine und dir?“, stammelte er und ärgerte sich über seine Unfähigkeit, vor Kianga auch nur einen geraden Satz herauszubekommen. Aber sie lächelte nur umso bezaubernder.
„Schön, dich zu sehen“, sagte sie, und ihre Augen blitzten.
Aka guckte zu Boden. „Meine Ma hat erzählt, dass Zibonele krank ist. Und da wollte ich euch anbieten, morgen früh für euch Wasser zu holen“, sagte er, erleichtert, dass er diesen Satz unfallfrei herausbekommen hatte.

„Das ist aber lieb von dir!“, sagte Kianga und streichelte ihm so zart über den Kopf, dass Aka dachte, er müsse ohnmächtig werden. Er stützte sich ebenfalls an der Tür ab, wobei seine Hand genau auf der ihren landete. Schnell zog er seine Hand zurück und verlor dabei fast das Gleichgewicht. Er stolperte in die Hütte.
Kianga lachte. „Mensch, komm doch rein“, sagte sie grinsend und trat einen Schritt zur Seite.
Aka wollte nur noch weg. Wie peinlich konnte es denn noch werden? „Habt ihr noch unseren Wasserkanister, dann nehme ich den gleich mit“, fragte er und blickte in Richtung Küche. „Und vielleicht einen Eimer von euch, dann kann ich morgen gleich darin das Wasser holen?“, fügte er geistesgegenwärtig hinzu. Das war ja überhaupt die Lösung, dann würde der Kanister morgen gar nicht gebraucht werden. „Ja, sicher. Warte eben, ich fülle das restliche Wasser in den Topf, das brauche ich gleich noch zum Kochen“, sagte sie und ging in die Küche. Aka lief hinterher, panisch, ob sie den Kanister am Griff anfassen würde. Als Kianga einen Topf aus dem Regal nahm, schnappte er sich schnell den Kanister. „Ich helfe dir“, sagte er und goss das Wasser in den Topf.
„Danke“, sagte sie. „Das ist wirklich lieb von dir.“ Sie legte ihm eine Hand auf den Arm. „Nachbarn helfen sich in der Not, nicht wahr?“ Als sie das sagte, verloren ihre Augen das schelmische Blitzen und wurden plötzlich traurig. Aka hatte das Gefühl, als wollte sie noch etwas sagen, aber ihre Hand brannte wie Feuer auf seinem Arm, und er merkte, wie das T-Shirt von Jo, das er erst vorhin frisch angezogen hatte, mittlerweile an seinem Rücken klebte. Er wollte nur noch weg.
„Gern geschehen“, sagte Aka, schnappte sich noch den Eimer und trat den Rückzug an. „Dann bis morgen!“, rief er und ging schnell zur Tür. Ohne sich noch einmal umzudrehen, lief er nach Hause. Dort angekommen, fragte er sich, wo denn eigentlich der kranke Zibonele gewesen war. Egal, Hauptsache, er hatte den Kanister! Jetzt brauchte er nur noch einen Plan, wie er ihn morgen Nachmittag mit ins Orlando Stadion bekam, ohne ihn vorher noch einmal aus der Hand zu geben. Er nahm die bunte Plastiktüte, die ihm Jos Mutter für seine schmutzigen Sportsachen gegeben hatte, und legte den Kanister vorsichtig hinein. Nicht nur wollte er eventuelle Spuren auf dem Kanister nicht verwischen, auch wollte er die Tüte nicht beschädigen,

denn die hatte Jos Mutter aus Deutschland mitgebracht, damit konnte man in der Schule bestimmt gut angeben. Er verstand zwar nicht, was darauf stand, aber das war ja auch egal. Dann versteckte er Kanister und Tüte unter dem Sofa, auf dem er mit Delani schlief. Darüber, wie er ihn nachmittags aus dem Haus bekommen würde, würde er morgen früh nachdenken, jetzt war er viel zu müde.

Am nächsten Morgen weckte ihn seine Mutter, als es fast noch dunkel war. Aka sah sie verschlafen an und wollte sich wieder umdrehen. Das konnte nur ein schlechter Traum sein.
„Hey, Aka, hast du vergessen, dass du für Kianga und Zibonele Wasser holen wolltest?“, flüsterte sie und zog ihn am Ohr.
Aka war mit einem Mal hellwach. Mit ungewöhnlichem Elan setzte er sich auf und schwang seine Beine auf den Boden. Seine Mutter stemmte ihre Hände in die Hüften und sah ihn mit schiefgelegtem Kopf an. Aka zog sich schnell sein Hemd über den Kopf und ging an ihr vorbei, um sich in der Küche die Zähne zu putzen. Seine Mutter stellte sich neben ihn. „Akani Mabena, was ist eigentlich los mit dir? Ich habe es noch nie erlebt, dass du nach dem ersten Wecken wach geblieben bist, geschweige denn, dass du aufgestanden wärst!“
Aka war froh, gerade Zahnpasta im Mund zu haben und sah seine Mutter mit hochgezogenen Augenbrauen an. „Waffn?“, nuschelte er unschuldig und drehte sich um, um die Zahnpasta auszuspucken. Seine Mutter seufzte und stellte einen Teller Brei auf den Tisch. „Aber iss wenigstens, bevor du aus dem Haus gehst“, sagte sie.
„Hab gar keinen Hunger“, sagte Aka und wollte an seiner Mutter vorbeistürmen.
„Nix da. Jetzt reicht es mir aber!“, sie hielt ihn mit eisernem Griff am Arm fest. „Was auch immer dich gerade umtreibt. Aber du isst jetzt dein Frühstück, vorher gehst du mir nicht aus dem Haus!“

Schnell schlang Aka seinen Brei hinunter. Dann schlich er sich zur Couch und zog leise die Tüte mit dem Kanister hervor. Delani schlief noch tief und fest, es dämmerte gerade erst. Aka warf einen neidischen Blick auf seinen friedlich schlafenden Bruder. Dann schnappte er sich noch Kiangas Eimer und schlich sich aus dem Haus.

Er hatte einen Plan. Er würde den Kanister irgendwo verstecken. Ihn erst heute Nachmittag mitzunehmen, war viel zu riskant. Wahrscheinlich würde ihn zu Hause jemand mit dem Kanister weggehen sehen und blöde Fragen stellen, auf die Aka keine Antwort hätte. Das wollte er unbedingt vermeiden.

Mulalo, der Mann, der aus Getränkedosen gemachte Jeeps verkaufte, war wie jeden Morgen an seinem kleinen Stand und wartete vergebens auf Kundschaft. Im Sommer waren seine Autos bei den Touristen der Renner, aber von denen kamen im Winter kaum welche. Dennoch stand er jeden Morgen bereits in aller Herrgottsfrühe auf, um seine Jeeps ordentlich aufzureihen. Aber auch wenn es nicht so gut lief, hatte Aka Mulalo noch nie schlecht gelaunt erlebt. „Wende dein Gesicht der Sonne zu, dann fallen die Schatten hinter dich“, hatte er einmal ein afrikanisches Sprichwort zitiert und Aka dabei ernsthaft lächelnd angesehen, wenn es das gab. Aka war sich nicht ganz sicher, ob er wirklich verstanden hatte, worum es in diesem Sprichwort ging, aber es musste etwas mit Mulalos unerschütterlichem Optimismus zu tun haben. Und mit dem ernsthaften Lächeln.
„Na, Aka, was hast du denn verbrochen, dass du heute ganz allein Wasser holen musst?“, neckte Mulalo ihn und sog an seinem Zigarrenstummel, den er eigentlich immer in seinem zahnlosen Mund stecken hatte.
„Ach, gar nichts, ich hole Wasser für die Nachbarin, deren Mann krank ist“, rief Aka und ging schnell an Mulalos Stand vorbei. Er durfte sich heute nicht aufhalten lassen.
„Die kleinen Sterne leuchten immer, während die große Sonne untergeht“, orakelte Mulalo hinter ihm her, aber Aka fragte nicht nach, was er denn nun damit wieder gemeint hatte.

Schnellen Schrittes lief er den Weg entlang. An der nächsten Kreuzung ging er rechts Richtung Orlando Stadion. Er wollte den Kanister in der Nähe des Stadions verstecken, dort war er am sichersten. Er kam an dem alten Schuppen vorbei, in dem er gemeinsam mit Jo die Outsiders belauscht hatte, und ging unwillkürlich etwas schneller. Seit diesem Abend fand er den Schuppen richtig unheimlich, und jetzt in der Morgendämmerung wirkte er auch nicht gerade einladend. Aka fröstelte, und eine Gänsehaut überzog seine Arme.
Plötzlich hörte er ein Quietschen. Wie gelähmt blieb er stehen und sah Yera aus dem Schuppen heraustreten. Reglos starrten sie sich an.

Eine gefühlte Ewigkeit verging, bis Aka aus seiner Trance erwachte und hastig den Blick abwandte. Er musste so tun, als wäre alles normal. Mit wackeligen Beinen ging er weiter.
„Halt mal, nicht so schnell, mein Kleiner!", schrillte es in seinen Ohren.
Aka blieb stehen. Das durfte jetzt echt nicht wahr sein! Er war doch so kurz vor seinem Ziel!
Er drehte sich um. „Ich bin erst auf dem Weg zur Wasserstelle, ich habe noch kein Wasser für dich", sagte er möglichst cool und wollte sich wieder umdrehen.
„Scheiß auf das Wasser!", zischte Yera und kam langsam auf ihn zu.
Aka überlegt fieberhaft, wie er hier wieder rauskam. Sollte er einfach losrennen? Yera war zwar nicht groß, aber muskulös und kompakt, er war sicherlich nicht langsam. Um ihn abzuhängen, müsste Aka den Kanister fallenlassen, und das wollte er um keinen Preis.
„Was ist denn los?", fragte er Yera möglichst freundlich.
„Was los ist, willst du wissen?", spottete Yera und baute sich dicht vor ihm auf. Hoffentlich war Yera allein, dachte Aka, denn ohne seine Kumpels war er eigentlich nur ein mieser Feigling und würde ihn vielleicht einfach wieder gehen lassen.
„Na, wen haben wir denn hier?", ertönte eine dunkle Stimme hinter ihm und machte diese Hoffnung sofort zunichte.
Aka fuhr herum. Vor ihm stand Adam, der Hüne, und grinste breit auf ihn herab.
„Das ist aber ein netter Besuch, nicht wahr Adam?", quäkte Yera und machte Adam ein Zeichen. Dieser trat dicht hinter Aka und griff mit beiden Händen nach der Plastiktüte mit dem Kanister.
„Na, was haben wir denn hier?", fragte er einfallslos und warf einen Blick in die Tüte. Enttäuscht ließ er den Kanister wieder sinken und warf ihn wie beim Fußballeinwurf mit beiden Händen über dem Kopf in Richtung Schuppen, wo Aka ihn dumpf aufkommen hörte. Dann griff Adam ihn unter die Arme und hob ihn wie eine Strohpuppe hoch. Aka begann zu zappeln und ließ Kiangas Eimer fallen. Verzweifelt versuchte er, sich aus Adams eisernem Griff zu befreien und verpasste ihm dabei mehrere Tritte. Schließlich packte Adam ihn fluchend und warf ihn über seine Seite. Als er auf der Schulter landete, bekam Aka einen so heftigen Schlag in den Magen, dass er würgte.

Dann schloss sich die Tür des Schuppens hinter ihm.

Kapitel 16

Jo

Der Wecker klingelte. Erst leise, dann immer nerviger. Jo drehte sich müde um und drückte wie gewohnt auf die Schlummertaste. Dumpf spürte er einen Schmerz an der rechten Hüfte. Schläfrig fragte er sich, wo der Schmerz herkam. Als Torwart hatte er ja häufig blaue Flecke. Verschwommen formten sich die Erinnerungen an das gestrige Spiel in seinem Kopf. Ach ja, auf der Seite war er ja gestern einmal heftig gelandet. Nein, nicht nur einmal. Langsam wurde er etwas wacher und rief sich das Spiel in Erinnerung.

Er lächelte. Mann, war das klasse gewesen. Noch nie in seinem Leben hatte er so ein tolles Spiel erlebt. Er kuschelte sich in sein Kissen und spielte den Moment, als er den Elfmeter pariert hatte, noch einmal vor seinem inneren Auge ab. Wahnsinn, wie er es geschafft hatte, den Schnauzer aus der Reserve zu locken. Er hatte ja schon viel über Torwarttricks gehört, aber gerade den mit dem Blickkontakt immer als eine Mär abgetan. Denn das klang einfach viel zu leicht: „Du musst deinen Gegner mit einem Blick aus dem Konzept bringen." Der scherte sich doch einen Dreck darum, wer ihn anguckte, weswegen es letztendlich ja doch nur darum ging, schnelle Reflexe zu haben und gut springen zu können. Tja, das hatte er immer gedacht. Bis gestern.

Jimmy war wirklich ein guter Lehrer, das musste man ihm lassen. Überhaupt war Jimmy ein cooler Typ. Er war gar nicht so unlocker wie die meisten Erwachsenen, sondern mit ihm konnte man richtig gut reden …

Plötzlich fuhr er hoch. Apropos reden! Ach du Scheiße, heute war es ja soweit! Und er träumte hier vor sich hin! Er war von dem gestrigen Tag so groggy gewesen, dass er traumlos durchgeschlafen hatte und nach dem Aufwachen noch gar nicht wieder im echten Leben angekommen war. Aber nun kam mit einem Schlag die Erinnerung an den gestrigen Abend wieder hoch, an das Gespräch mit Aka und ihre Abmachung, heute mit Jimmy zu sprechen – und vielleicht zur Polizei zu gehen! Jos Herz schlug schneller. Hoffentlich ging das alles gut. Schnell lief er ins Bad, um sich die Zähne zu putzen. Auf dem Weg stieß er sich das Schienbein an der Kommode im Flur. So ein Mist, der Tag ging ja gut los. Am Schienbein hatte er dank seiner Schienbeinschoner noch keinen blauen Fleck gehabt. Mit schmerzverzerrtem Gesicht rieb er sich das Bein und humpelte weiter.

Kapitel 17

Aka

Mit schmerzverzerrtem Gesicht rieb sich Aka das Bein und rappelte sich auf. Adam hatte ihn plötzlich von seiner Schulter gleiten lassen, woraufhin Yera ihn angeherrscht hatte, weiterzugehen. Dabei hatte er ihm mit aller Wucht vor das Scheinbein getreten. Aka bekam es langsam richtig mit der Angst zu tun. Niemand wusste, wo er war, da er den Weg zur Wasserstelle verlassen hatte. Und vor allem würde ihn niemand vermissen. Vielleicht würde sich Kianga wundern, dass er kein Wasser vorbei brachte, aber bei wem sollte sie nachfragen? Seine Mutter würde sich bald auf den Weg zur Arbeit machen und vorher seine Brüder zur Schule geschickt haben. Und Miss Spike würde sich nichts weiter dabei denken, sondern sich bestätigt darin fühlen, dass er ein Faulpelz war.

Yera schubste ihn weiter und deutete ihm, sich auf einen Stuhl zu setzen.
„Was hast du denn um diese Uhrzeit hier zu suchen, kleiner Mabena?“, fragte Yera. Trotzdem er leise sprach, fast flüsterte, hatte seine Stimme diesen unangenehmen Klang von Fingernägeln auf einer Tafel. Aka bekam eine Gänsehaut und machte sich auf seinem Stuhl ganz klein.
„Ich wollte Wasser holen, was denkt ihr denn?“, fragte er trotzig und richtete sich etwas auf. Wenn er ängstlich wirkte, würden die Jungs viel eher glauben, dass er etwas zu verbergen hatte. Wenn er sich aber behauptete, wäre er bestimmt glaubwürdiger.
„Aber hier geht es doch gar nicht zur Wasserstelle, du Schlaumeier“, quakte Yera und musterte ihn durchdringend. Adam stand ein wenig abseits und beobachtete die Situation mit einem dümmlichen Gesichtsausdruck, als wüsste er nicht so recht, was hier geschah.
„Ich hatte halt Lust auf einen kleinen Spaziergang“, log Aka und biss sich sofort auf die Zunge. Was für eine bescheuerte Ausrede, blöder ging es ja wohl nicht mehr. Ihm fiel aber einfach keine bessere Begründung dafür ein, warum er so früh am Morgen abseits seiner Route herumspazierte. „Ich wollte noch einen Freund abholen, der mich manchmal beim Wasserholen begleitet“, fügte er noch schnell hinzu.
„Ach was, einen Freund abholen?“, fragte Yera spöttisch, offensicht-

lich glaubte er Aka kein Wort. Er kam näher und packte ihn am Schlafittchen.
„Verarsch mich nicht, du kleiner Wurm!“, zischte er drohend. „Mir kannst du nichts vormachen. Du bist doch vorgestern schon hier um den Schuppen geschlichen, mit deinem neuen weißen Freund, habe ich recht?“
Aka wurde heiß und kalt. Sie hatten ihn also doch erkannt! Yera zog ihn vom Stuhl hoch, dass Aka die Luft wegblieb.
„Ich, hier? So ein Quatsch, wann soll das denn gewesen sein?“, keuchte er und versuchte, sich aus Yeras Griff zu befreien. Aber er hatte keine Chance. Er konnte gut rennen, das war alles. Ansonsten hatte er keine Möglichkeit gegen Yera, mit seinen muskelbepackten Oberarmen. So ein Mist, wäre er doch bloß gleich weggerannt, ärgerte er sich. Scheiß doch auf den doofen Kanister!
„Vorgestern Abend“, sagte Yera, wobei seine Nase fast gegen die von Aka stieß und sich bei jedem Wort ein kleiner Spuckeregen auf seinem Gesicht verteilte, „habt ihr euch hier herumgetrieben und uns durch die Tür belauscht. Ihr habt euch wohl für ganz schlau gehalten, als ihr Adam abgehängt habt“, er warf Adam einen zornigen Blick zu, der schuldbewusst zu Boden sah. „Aber falls du gedacht hast, wir hätten euch nicht erkannt, so hast du dich gewaltig geirrt! Der dicke Adam kann vielleicht nicht schnell rennen, aber gut gucken kann er allemal.“
Er ließ Aka los, der ächzend in seinen Stuhl sank und sich den schmerzenden Hals rieb.
„Du musst uns verwechseln, das waren wir nicht, ich schwöre!“, japste er und sah Yera flehend an.

Mit einem spöttischen Schnauben wandte Yera sich ab und gab Adam einen Wink. Es schien nicht das erste Mal zu sein, dass die beiden jemanden zum Reden bringen wollen, dachte Aka panisch und überlegte fieberhaft, was er Yera noch sagen könnte, um ihn von seiner Unschuld zu überzeugen.
„Das können wir gar nicht gewesen sein“, rief er verzweifelt, „vorgestern Abend waren wir doch beim Training!“
Adam guckte Aka verblüfft an, hielt kurz inne und sah irritiert zu Yera. Der aber schnalzte ungeduldig mit der Zunge und gab sein ekelhaftes Hyänenlachen von sich.

„Na, das passt ja ganz hervorragend, mein kleiner Fußballstar“, sagte er, noch immer grinsend und wies Adam an, weiterzumachen. Der nahm das Seil und fesselte Aka an den Stuhl. Dabei zog er die Schnüre so fest, dass sie tief in Akas Handgelenke einschnitten und seine Arme schmerzhaft nach hinten verbogen wurden. Seine Füße wurden fest an die Stuhlbeine gebunden.
„Dann wart ihr ja vorgestern Abend auf jeden Fall hier in der Nähe!“, quäkte Yera und klatschte in die Hände. „Ein Beweis mehr, dass ihr beide es wart!“ Er trat Aka vors Knie, dass der Stuhl bedrohlich nach hinten kippte.
Aka spürte, wie ihm die Tränen in die Augen stiegen. Wie nur sollte er sich aus dieser Lage wieder befreien? Sollte er um Hilfe rufen? Wahrscheinlich würde ihn sowieso niemand hören, Yeras Wut sich aber dadurch nur noch steigern.
„Komm schon, kleiner Bruder, wenn du mir sagst, was ihr vorgestern gehört habt, werden wir dir nichts tun, das verspreche ich dir“, säuselte Yera plötzlich, als seien sie die besten Freunde.
Aka sah ihn mit versteinerter Miene an. Niemals konnte er Yera sagen, was sie wussten, das wäre sein Todesurteil.
„Wir haben gar nichts gehört, das musst du mir glauben! Uns war der Ball hier ins Gebüsch gerollt. Als wir ihn holten, haben wir laute Stimmen aus dem Schuppen gehört, aber gar nichts verstanden, weil es so durcheinander ging. Außerdem hört man von draußen eh kaum etwas. Also haben wir den Ball genommen und wollten wieder zurück zum Stadion. Da seid ihr rausgekommen, wir haben uns erschrocken und sind weggerannt.“ Er sah Yera mit dem Mut des Verzweifelten fest in die Augen und hoffte, dass der dort seine Angst nicht erkennen würde.
„Schöne Geschichte“, sagte Yera, „aber das kannst du deiner Oma erzählen. Ihr seid gelaufen, als ginge es um euer Leben. Wovor hattet ihr denn solche Angst? Nur, weil ihr laute Stimmen gehört habt? Das ist doch gequirlte Kuhscheiße, was du mir hier erzählst!“
Aka schwieg. Es hatte keinen Sinn, er würde Yera nicht überzeugen können, dazu konnte er wohl zu schlecht lügen.
„Na schön, wenn du jetzt nicht mit uns reden willst, geben wir dir noch einen Moment Zeit, darüber nachzudenken, was hier vorgestern wirklich vorgefallen ist.“ Er stellte sich dicht vor Aka hin, lächelte auf ihn herab und schlug ihm unvermittelt mit der Faust ins Gesicht,

dass Akas Kopf zur Seite flog. Er spürte, wie seine Lippe aufplatzte und Blut auf sein Shirt tropfte. Das schöne neue T-Shirt von Jo, dachte er und wunderte sich, warum er sich in dieser Situation ausgerechnet darum Gedanken machte. Eigentlich hatte er ja weitaus größere Sorgen. Benommen hob er den Kopf und sah, dass Yera ihn noch immer anlächelte. In seinem Schädel brummte es wie in einem Bienenstock.
„Überleg es dir gut, kleiner Bruder", grinste Yera, „ich komme wieder. Und wenn du mir dann immer noch nicht mehr zu erzählen hast, werde ich nicht mehr so zärtlich sein." Er drehte sich um und ging zur Tür.
Aka fragte sich, was Yera jetzt bloß vorhatte und sah sich nach Adam um. In dem Moment hielt der ihm einen ekelhaft stinkenden Lappen vors Gesicht. Im ersten Moment dachte Aka, Adam wollte ihn ersticken und schlug den Kopf heftig hin und her, dann merkte er, wie seine Gliedmaßen schwer wurden und sich seine Sinne benebelten.

„Jo!", dachte Aka noch, „wo bist du?" Dann sackte sein Kopf auf seine Brust.

Kapitel 18

Jo

Die Schule wollte und wollte nicht enden. Nachdem Jo es gestern schon schwierig gefunden hatte, den ganzen Tag still zu sitzen, war es heute schlichtweg unerträglich. Er spürte eine Unruhe in sich, als würde heute etwas ganz Schlimmes passieren.

Wie Tiere vor einem Gewitter, dachte er bei sich und musste über sich selbst lachen. Drehte er langsam völlig durch?
Er fragte sich, ob er die letzten Stunden einfach schwänzen sollte, aber was dann? Er musste eh zu Hause warten, bis Jimmy ihn zum Training abholte. Und bevor er Ärger mit der Lehrerin und damit auch Ärger mit seinen Eltern riskierte, konnte er die Zeit auch ebenso gut hier totschlagen. Vom Unterricht bekam er zwar wieder einmal nichts mit, aber daran konnte er heute nun beim besten Willen nichts ändern. Nächste Woche würde er richtig gut aufpassen und alles nachholen, schwor er sich insgeheim.

In der Pause saß er wie immer allein an einem Tisch und aß sein Pausenbrot. Seine Mutter machte einfach die weltbesten Sandwiches, da gab es nichts. In Berlin hatten ihn seine Schulkameraden schon immer für seine leckeren Pausensnacks beneidet. Während sie an steinhartem Schwarzbrot mit Käse und Sojabohnensprossen oder so etwas Verrücktem genagt hatten, hatte Jo sich sein leckeres Sandwich schmecken lassen. Das war eine englische Tradition seiner Mutter, die sie sich auch durch gutes Zureden ihres Mannes nicht verbieten ließ.
„Wichtig ist, dass die Kinder ihre Pausenbrote auch essen“, hatte sie wieder und wieder gepredigt. „Was bringt es, wenn ich ihnen ein supergesundes Sonstwas mitgebe, sie es aber in der Schule in den Müll werfen und sich am Kiosk einen Schokoriegel kaufen? Damit ist ja nun keinem geholfen.“ Man hatte sich schließlich auf ein Vollkornsandwich geeinigt, das war für alle o.k. Heute stopfte Jo es jedoch mit wenig Appetit in sich hinein. Wie nur sollten sie das Gespräch mit Jimmy beginnen? Hoffentlich hatte Aka den Kanister und konnte ihn mit zum Training schmuggeln. Ob darauf nach drei Tagen wohl noch immer Fingerabdrücke der Gangmitglieder zu finden sein

würden? Im Kino ging so etwas ja immer, aber wer weiß schon, ob das nicht nur erfunden war?

So in Gedanken vor sich hinstarrend, hatte er gar nicht bemerkt, dass sich einige Jungen vor ihm aufgebaut hatten. Plötzlich sah er vier Paar Schuhe vor sich stehen und hob den Blick. Vier schwarze Jungen mit Baseballcaps und schlabberigen Hosen sahen auf ihn herab.
„Hey, du, Weiffbrot!", lispelte der Größte von ihnen, dem seine Hose fast in den Kniekehlen hing, und machte einen Schritt auf Jo zu. „Haft du eigentlich schon Schulgebühren befahlt?", fragte er und bleckte die Zähne wie ein Hund, der seinen Knochen verteidigt. Jo sah eine große Zahnlücke zwischen seinen Schneidezähnen. Deswegen lispelte der arme Kerl so, aber es war wohl nicht der richtige Zeitpunkt, Mitleid mit dem Typen zu haben.
Jo verstand natürlich, dass es hier nicht um die Gebühren an die Schule ging, beschloss aber, sich erst einmal doof zu stellen. „Keine Ahnung, die zahlen meine Eltern", sagte er und drehte sich weg. Vielleicht würden ihn die Typen ja in Ruhe lassen, wenn er sich nicht von ihnen provozieren ließ.
Die vier Typen grölten los. „Mann, ist der dämlich!", rief einer und hielt sich den Bauch vor Lachen. Das war auch nötig, denn sein immenser Bauch lugte bei jeder Bewegung unter seinem Shirt hervor und drohte, seine Hose gänzlich von dem nicht vorhandenen Hintern zu ziehen. Jo starrte ihn fasziniert an und vergaß dabei ganz, Angst zu haben. Noch nie hatte er einen so dicken Menschen gesehen.
„Wir meinen nicht daf Geld deiner Eltern, Weiffbrot!", knurrte der Kerl mit der Zahnlücke. „Jeder Schüler muff hier für die Schulhofnupfung pfahlen." Er kam nah an Jo heran und ließ ein kleines Klappmesser in seiner Hand aufblitzen. Unwillkürlich zuckte Jo zurück. Die Jungs schienen es doch ernster zu meinen, als er gedachte hatte. „Wer daf nicht tut, dem paffieren auf dem Heimweg komife Dinge. Und wie wir wiffen, haft du biflang noch nicht gepfahlt!" Die anderen Jungs schirmten den Typen mit der Zahnlücke vor den Blicken anderer Schüler ab. Jo saß in der Falle.
„Und das wird auch so bleiben!", ertönte eine tiefe Stimme hinter Jo. Erstaunt sah er auf und erblickte einen Jungen aus seiner Klasse. Wie hieß der noch, Warren? Jo hatte ihn bislang für einen absoluten Schwachkopf gehalten, denn er machte im Unterricht immer nur

Quatsch, brachte damit die halbe Klasse zum Lachen, die andere zum Stöhnen und die Lehrer zur Verzweiflung.
„Warren, verpiff dich!“, sagte Zahnlücke, „daf hier geht dich nift an.“
„Und ob mich das etwas angeht“, sagte Warren, „oder, was meint ihr, Leute?“
Hinter Warren hatten sich mindestens acht weitere Jungs aus Jos Klasse versammelt, die bedrohlich mit verschränkten Armen dastanden und zustimmend nickten.
Zahnlücke sackte in sich zusammen.
„Der Typ hier geht in unsere Klasse, also kümmern wir uns um ihn, verstanden?“, sagte Warren. „Also los, schiebt ab und sucht euch ein anderes wehrloses Opfer.“
Murrend zogen Zahnlücke und seine Truppe von dannen.

Jetzt erst merkte Jo, dass ihm der Schweiß auf der Stirn stand. „Danke“, sagte er, stand auf und reichte Warren die Hand. Statt sie zu nehmen, boxte Warren mit seiner Faust gegen Jos Hand, was Jo unbeholfen erwiderte.
„Gern geschehen“, sagte er. „Für den Helden der Kaizer Chief Youths tun wir doch alles“, er grinste breit. Jo sah ihn fragend an.
„Wir haben gehört, dass du den Chiefs gestern zu einem Sieg gegen die Orlando Pirates verholfen hast. Gut gemacht, die Pirates können wir nämlich gar nicht leiden!“ Er zwinkerte Jo noch einmal zu und drehte sich um, die anderen Jungs folgten ihm.

Jo ließ sich erschöpft auf die Bank fallen. Wie sollte sich dieser Tag eigentlich noch zum Guten wenden? Andererseits ging es ja langsam nicht mehr schlechter. Er stand auf und warf sein Sandwich in den Müll. Ihm war der Appetit vergangen.

Nach der Schule ging er direkt zum Schulbus. Bloß nach Hause. Als er einstieg, saß der Typ mit der Zahnlücke in der ersten Reihe. Er sah Jo grimmig an, sagte aber nichts. Die Drohung von Warren schien zu wirken, dachte Jo und ließ sich erleichtert in die letzte Reihe plumpsen. Nun brauchte er sich wohl keine Sorgen mehr zu machen, dass ihn in der Schule jemand dumm anmachen könnte. Es hatte auch wirklich sein Gutes, in einer schwarzen Mannschaft Fußball zu spielen, dachte er und grinste in sich hinein. Nun, mal sehen, ob er noch immer dieser Auffassung sein würde, wenn Aka und er Jimmy erst einmal die Geschichte mit der Gang gebeichtet haben würden.

Pünktlich um halb vier kam Jimmy ihn abholen. Jos erste Frage galt dem Weltpokal. Vielleicht war er ja über Nacht wieder aufgetaucht, und dieser ganze Albtraum hätte damit endlich ein Ende?
„Nein, leider nicht“, seufzte Jimmy und schlug ärgerlich auf das Lenkrad. „Ich sage dir, wenn ich diese Typen in die Hände bekäme, ich würde Hackfleisch aus ihnen machen!“
Jo sah ihn erstaunt an. Es sah Jimmy gar nicht ähnlich, solche Gewaltfantasien zu äußern.
Jimmy schien seine Gedanken zu lesen. „Noch viel lieber würde ich sie einfach der Polizei übergeben“, brummte er pflichtbewusst und krallte sich am Lenkrad fest.
Beim Orlando Stadion angekommen, war Jimmy wie gewohnt von einer Gruppe wild durcheinander schreiender Kinder umringt. Wie immer war er freundlich und versuchte, allen gerecht zu werden. Jo sah ihm aber an, dass er mit seinen Gedanken ganz woanders war.

Im Stadion sah sich Jo als Erstes nach Aka um. So ein Mist, er war noch nicht da! Hoffentlich hatte er nicht zu Hause Ärger bekommen, als er den Wasserkanister entführen wollte, und nun Hausarrest oder so einen Schwachsinn.
Inmitten seiner Sorge um Aka freute sich Jo darüber, dass ihn die anderen Spieler heute alle nett begrüßten und wie ein altes Mannschaftsmitglied behandelten. Kafil boxte ihm im Vorbeilaufen spielerisch auf die Schulter und rief: „Hey Mann, wie geht's? Hast du dich gut erholt von deinen gestrigen Heldentaten?“ Er grinste Jo an und lief ohne eine Antwort abzuwarten weiter.
Auch Mandla kam auf ihn zu. „Hey, Jo, noch so ein Spiel, und meine Geschwister wollen ein Autogramm von dir! Meine Schwester hat den ganzen Abend nur von dir geschwärmt, das war vielleicht anstrengend!“ Er zwinkerte Jo zu und lief lachend rückwärts vor ihm her.
„O.k., ich werde nächstes Mal daran denken, meine Autogrammkarten mitzubringen“, scherzte Jo zurück und spielte Mandla den Ball zu, der ihn geschickt annahm und ein paar Mal von einer Fußspitze zur anderen jonglierte.

Jo sah verstohlen zum Eingang. Wo blieb Aka denn bloß? Er hatte ein ungutes Gefühl im Bauch. Der Drang, loszulaufen, wie er ihn in der Schule schon gespürt hatte, wurde immer heftiger. Er hechtete hinter jedem Ball her und verausgabte sich bis zur Erschöpfung, wurde das ungute Gefühl, dass etwas nicht stimmte, aber nicht los. Es musste etwas passiert sein, sonst würde Aka ja heute nicht beim Training fehlen. Ausgerechnet heute! Da sah er einen kleinen Jungen ins Stadion rennen. Im ersten Moment dachte er verwirrt, es wäre Aka, beim zweiten Hinsehen aber sah er, dass der Junge deutlich kleiner war. Er sprach aufgeregt mit Jimmy, der immer wieder den Kopf schüttelte und mit den Schultern zuckte.
„Wer ist denn der Junge da bei Jimmy?“, fragte Jo Mandla und zeigte über das Spielfeld.
„Das ist Delani, Akas kleiner Bruder“, sagte Mandla verwundert. „Was macht der denn hier?“
Da blies Jimmy in seine Trillerpfeife. „Hey Chiefs, kommt bitte alle mal zusammen!“, rief er und ruderte mit den Armen, um die Mannschaft um sich zu scharen.
„Hat jemand von euch heute Aka schon gesehen? Delani sagt, er sei den ganzen Tag nicht nach Hause gekommen, und langsam macht sich seine Familie Sorgen. Vor allem, wenn er heute auch nicht beim Training ist.“ Er sah in die Runde, alle schüttelten die Köpfe.
„Wesley, Nelson, war Aka heute in der Schule?“, fragte er die Zwillinge.
„Nein, war er nicht“, sagte Wesley – oder war es Nelson? „Wir haben uns auch schon gewundert, und Miss Sp…, äh, Miss Plate hat bereits getobt und ihn einen nutzlosen Faulpelz genannt.“ Empört sah er seinen Bruder an, der ebenso empört nickte.
„O.k., danke, dann geht wieder an die Bälle“, sagte Jimmy und nahm Delani beiseite. Jo beobachtete, wie er beruhigend auf den kleinen Jungen einredete und ihn dann aus dem Stadion führte.
„Ich muss was tun“, dachte Jo, „sonst werde ich noch wahnsinnig!“
Er lief zu Jimmy an den Spielfeldrand. „Jimmy, ich muss mit dir reden!“
„Was, jetzt? Hat das nicht bis nach dem Training Zeit?“, fragte Jimmy und nahm die Pfeife an den Mund.
„Nein, es kann nicht warten. Es geht um Aka!“, sagte Jo und fuhr sich nervös mit der Hand durch die Haare.

Jimmy sah ihn durchdringend an. „Weißt du, wo er ist?“, fragte er verwundert.
„Ich weiß es nicht sicher, aber ich habe da einen Verdacht“, sagte Jo kleinlaut, in Erwartung einer Strafpredigt von Jimmy.
Stattdessen blies Jimmy in seine Pfeife. „Mandla, Malaika, ihr beide wählt die Mannschaften. Kafil, du machst den Schiedsrichter. Alle hören auf Kafil, ist das klar? Jo und ich haben etwas zu erledigen, wir sind schnellstmöglich zurück!“

Unter den neugierigen Blicken der Mannschaft setzten Jo und Jimmy sich auf die Trainerbank.
„So, nun erzähl mal, was du weißt“, sagte Jimmy und sah Jo auffordernd an.
„Neulich … Gestern … Also da waren …“, stotterte Jo. Er wusste gar nicht, wo er anfangen sollte.
„Nun mal langsam und von vorne“, sagte Jimmy ruhig und legte Jo eine Hand auf die Schulter.

Zehn Minuten später hatte Jo Jimmy die ganze Geschichte erzählt. Von dem Zusammenstoß von Aka und seinen Brüdern mit den Outsiders, von dem Gespräch, das Aka in dem alten Schuppen belauscht hatte und in dem es bereits um illegale Machenschaften rund um die WM gegangen war. Und schließlich von den beunruhigenden Dingen, die Aka und Jo gehört und gesehen hatten, als sie zufällig nach dem Training den Streit zwischen Yera und seinen Kumpels mitbekommen hatten.
„Es deutete alles darauf hin, dass die Outsiders etwas mit dem Verschwinden des Weltpokals zu tun haben, aber wir konnten ja gar nichts beweisen!“, sagte Jo verzweifelt und hoffte, Jimmy würde nicht sauer werden, weil sie ihm nichts erzählt hatten.
„Ist schon in Ordnung“, sagte der nachdenklich. „Und du meinst, diese Outsiders könnten nun auch etwas mit Akas Verschwinden zu tun haben?“, fragte er und sah Jo ernst an.
„Vorstellen kann ich mir das schon“, sagte Jo ängstlich und hoffte gleichzeitig, dass es nicht so sein möge. „Aka hatte die geniale Idee, den Wasserkanister seines Bruders, in den die Typen von dieser Gang neulich hineingespuckt hatten, zur Polizei zu geben und auf Fingerabdrücke untersuchen zu lassen.

Wenn darauf ein Fingerabdruck nachgewiesen werden könnte, der mit dem auf der Kette identisch ist, die am Tatort gefunden wurde, wüssten wir schon mal, dass mindestens eines der Gangmitglieder am Diebstahl des Weltpokals beteiligt gewesen ist und hätten einen handfesten Beweis gehabt.“ Jo fuhr sich wieder nervös durch die Haare.
„Eigentlich hätten wir ja gestern schon mit dir gesprochen, aber Aka wollte erst einmal gucken, ob er den Kanister als Beweismittel mitbringen kann. Er hatte eine riesen Angst, dass die Gang herausbekommen könnte, dass er sie verpfeifen will. Er sagte, die würden ihn umbringen.“ Jo sah Jimmy an, seine Lippen zitterten. „Als wir gesehen haben, dass die Typen eine Pistole haben, da haben wir höllische Angst bekommen.“

„Und das zu recht“, brummte Jimmy und stand auf. „Komm, wir gehen uns mal an dem Schuppen umsehen, vielleicht finden wir ja etwas. Aber wir müssen vorsichtig sein, dass uns niemand sieht!“
Jo wurde mulmig zumute, zwei Weiße allein in Soweto unterwegs, ob das eine gute Idee war? Aber andererseits mussten sie ja etwas tun.
Jimmy war sich dieser Gefahr jedoch offensichtlich genauso bewusst wie Jo. Als sie draußen waren, ging er zu seinem Auto und kramte eine Kapuzenjacke aus dem Kofferraum.
„Hier, nimm, und zieh die Kapuze über den Kopf. Gefährlich genug, wenn uns überhaupt jemand an dem Schuppen sieht. Aber wenn man uns schon von Weitem als Weiße erkennt, sind wir auch geliefert, wenn uns jemand anderes als die Gangmitglieder findet.“

Sie gingen die Straße herunter. „Hier rechts entlang“, sagte Jo und zeigte in Richtung Schuppen. Auf der Straße war niemand zu sehen. Als sie an der Hütte ankamen, legte Jo ein Ohr an die Wand. Nichts. Sie gingen um den Schuppen herum und kamen an die Vorderseite. Neben der Eingangstür sah Jo etwas Buntes im Gebüsch liegen. War das ein Stück Stoff? Als er näher kam, erkannte er, dass es eine Plastiktüte war. Aufgeregt griff er Jimmy am Ärmel. „Jimmy, da ist was!“ Er hob die Tüte mit deutscher Aufschrift hoch. „Diese Plastiktüte hat meine Mutter Aka gestern mitgegeben!“
Sie sahen gemeinsam in die Tüte. Darin war der leere Wasserkanister. Aber weit und breit keine Spur von Aka. Jo lief es kalt den Rü-

cken hinunter, das mulmige Gefühl in seinem Bauch wurde immer stärker. Aka hatte den Kanister sicherlich nicht absichtlich hier liegenlassen. Jimmy ging zur Tür und versuchte vorsichtig, sie zu öffnen, aber sie bewegte sich keinen Zentimeter. „Für so einen morschen Schuppen eine ganz schön stabile Tür", sagte er und versuchte, durch das Fenster zu gucken. Aber auch für ihn war es zu hoch.
„Aka?", rief Jo leise durch einen Spalt in der Schuppenwand und legte wieder sein Ohr an die Wand. War da nicht ein Geräusch gewesen? Auf der Rückseite des Schuppens fuhr knatternd ein Moped vorbei. Als sich das Knattern entfernt hatte, war es wieder mucksmäuschenstill. Wahrscheinlich hatte er sich verhört, dachte Jo und wandte sich enttäuscht ab.

„Komm", sagte Jimmy, „wir gehen zurück zum Stadion." Jo blickte noch einmal zurück zu dem Schuppen. Er hatte das Gefühl, als müsse er bleiben, aber wie sollte er das Jimmy erklären?

Kapitel 18

Aka

Yera hielt ihm mit brutaler Kraft den Mund zu, dass Aka kaum mehr Luft bekam. Durch die Bretterlücken in der Schuppenwand sah er zwei Gestalten herumlaufen. Ob ihn jemand suchte? Mittlerweile mussten ihn doch schon einige Leute vermissen! Seine Mitschüler und Miss Plate, als er nicht in der Schule war, seine Mutter, als er nach der Schule nicht nach Hause kam, Kianga, als er das versprochene Wasser nicht brachte. Was sie wohl von ihm dachte? Er sah ihr strahlendes Lächeln vor sich, als er ihr das mit dem Wasser angeboten hatte. Nun würde sie wohl sehr enttäuscht von ihm sein. Wut kochte wieder in ihm hoch. Er hatte es satt, hier festzusitzen! Und Hunger hatte er auch. Dankbar dachte er an seine Mutter, die ihn heute Morgen gezwungen hatte, noch etwas zu essen, bevor er aus dem Haus gegangen war.

Seine Handgelenke waren mittlerweile von der Fessel wund gescheuert, und seine Schultern schmerzten von der Verrenkung, in der sie festgebunden waren. Außerdem war ihm übel von dem Zeug, das Adam ihm vor die Nase gehalten hatte und das ihn für einige Zeit außer Gefecht gesetzt hatte. Er hatte keine Ahnung, wie lange er bewusstlos gewesen war, aber der abnehmenden Helligkeit draußen nach zu urteilen, waren einige Stunden vergangen, seit Yera und Adam ihn in den Schuppen geschleppt hatten. Als er wieder zu sich gekommen war, hatten die beiden am anderen Ende des Raumes gestanden und sich leise unterhalten. Sie hatten ihn inzwischen geknebelt. Das Licht, das durch die Holzritzen drang, war fahl geworden, sicherlich hatte das Training schon angefangen. Dann dachte er an Jo. Jo würde sich doch bestimmt wundern, wo er blieb! Schließlich waren sie verabredet gewesen, heute mit Jimmy zu sprechen. Hätten sie das doch bloß früher getan! Seufzend war er auf seinem Stuhl noch etwas weiter zusammengesunken.

Plötzlich war Yera zu ihm gesprungen und hatte ihm trotz seines Knebels noch mit beiden Händen den Mund zugehalten. Da hatte auch Aka die beiden Gestalten draußen entdeckt.
„Ein Ton von dir, und du bist tot!“, zischte Yera in sein Ohr.
Sie hörten leise Stimmen von draußen und dann ein Rascheln. Akas

Herz machte einen Sprung. Da hatte jemand den Kanister in der Plastiktüte gefunden, den Adam vorhin weggeworfen hatte! Die Stimmen kamen näher, die Türklinke wurde heruntergedrückt, aber natürlich war die Tür verschlossen. Wieder Stimmengemurmel.
Dann eine deutlichere Stimme: „Aka?" Das war Jo, da draußen war wirklich Jo! Es wurde nach ihm gesucht, sie wussten, dass etwas mit ihm geschehen war! Aka machte einen quietschenden Laut, der jedoch in dem Knattern eines vorbeifahrenden Mopeds unterging.
Yera drückte ihm ein Messer an die Wange. Aka spürte, wie sich die kalte Klinge in seine Haut bohrte. Eine Bewegung, und Yera würde ihm die Wange aufritzen. Notgedrungen blieb er still sitzen und sah, wie sich die beiden Gestalten wieder entfernten. „Halt, nein, bleibt hier! Ich bin hier! Lasst mich nicht allein!", wollte Aka schreien, und Tränen stiegen ihm in die Augen, als schließlich draußen niemand mehr zu sehen war.

Yera nahm die Hände von seinem Mund und trat ihn so fest in den Magen, dass Aka mit dem Stuhl umfiel und wie ein Käfer auf dem Rücken lag. Er würgte und hustete.
„Du kleine Ratte, du dachtest wohl, du seist besonders schlau, was?", fragte Yera spöttisch und sah verächtlich auf Aka herunter, der verzweifelt versuchte, sich zu befreien. „Aber du wirst schon noch sehen, was du davon hast, dass du versuchst, mich zu verarschen!"
Er machte Adam ein unmissverständliches Zeichen mit abgespreiztem Daumen und Zeigefinger. Adam zögerte, zog dann aber eine Kiste in der Ecke des Raumes zur Seite und öffnete an einer Klappe, die darunter versteckt lag, ein dickes Vorhängeschloss. Eine kleine Treppe führte in ein unterirdisches Versteck. Daraus entnahm er zwei Pistolen und reichte eine davon Yera, der sie wieder an die Lippen führte und lautlos küsste. Das war bestimmt die Pistole, die Jo vor einigen Tagen schon gesehen hatte, als sie die Gang durchs Fenster beobachtet hatten. Adam schob die Kiste halbherzig wieder über die Bodenluke und stellte sich, die Pistole spielerisch in der Hand wiegend, hinter seinen Anführer.
Yera sah ihn mit einem teuflischen Grinsen an. „Na, kleiner Mabena, sind deine Freunde wieder abgehauen? Das ist aber nicht nett, dich hier so ganz allein zu lassen. Zumal sie uns nun verraten haben, dass sie dich suchen. Und das gefällt uns gar nicht gut."

Er entsicherte die Pistole mit einem klickenden Geräusch und küsste sie nochmals.
„Nein, das können wir nicht durchgehen lassen. Deswegen müssen sich unsere Wege nun leider trennen. Fürs nächste Leben merke dir, dass Neugierde tödlich sein kann.“ Er lachte sein grässliches Hyänenlachen, ging einen Schritt auf Aka zu und zielte auf seinen Kopf. Aka sah flehend zu Adam, der wie versteinert hinter Yera stand und auf die Pistole in dessen Hand starrte. Aka schloss die Augen.

Als draußen das Moped ein zweites Mal vorbeifuhr, ging der Schuss in dem lauten Knattern unter.

Kapitel 19

Jo

Jo und Jimmy rannten zum Stadion zurück und sprangen ins Auto. Jo hatte die Tür noch nicht ganz geschlossen, da fuhr Jimmy schon an.
„Was machen wir denn jetzt?“, fragte Jo außer Atem und klammerte sich am Armaturenbrett fest. Die Tüte mit dem Kanister hielt er krampfhaft zwischen seine Füßen geklemmt.
„Wir fahren zur Polizei“, sagte Jimmy und kramte sein Handy hervor.
Jo stockte der Atem. Wenn sich Aka nun wirklich in den Klauen der Gangster befand, konnte es für ihn noch gefährlicher werden, wenn die Polizei sich einmischte. Andererseits hatte er auch keine bessere Idee. Allein kamen sie hier wohl nicht mehr weiter.
„Hi Kofi, hier ist Jimmy. Ja, danke, mir geht es gut, und dir?“, sagte Jimmy höflich und klopfte ungeduldig auf dem Lenkrad herum, als er dem ausschweifenden Bericht am anderen Ende der Leitung lauschte. Nach einigen Minuten wurde es ihm jedoch zu bunt.
„Ja, Kofi, das tut mir auch Leid. Aber weißt du, Kinder sind halt so, das renkt sich bestimmt bald wieder ein. Aber klar, ich rede gern einmal mit ihm, das ist doch kein Problem. Aber entschuldige, ich kann leider kein langes Schwätzchen mit dir halten, sondern ich brauche deine Hilfe. Ich bin gerade auf dem Weg zu dir aufs Revier. Was? Nein, es ist nichts Schlimmes passiert. Das heißt, das wissen wir noch nicht so genau. Wir befürchten etwas Schlimmes.“
Wieder erklang ein Redeschwall am anderen Ende. Jimmy verdrehte die Augen.
„Nein, ich bin nicht auf eigene Faust durch Soweto gezogen, keine Sorge. Die Zeiten sind vorbei, das weißt du doch“, lachte er, wurde aber sofort wieder ernst. „Nein, hör zu, du musst für mich einen Gegenstand nach Fingerspuren untersuchen, könntest du das tun? Sofort?“
Nach zwei Minuten, die Jo wie eine Ewigkeit vorkamen, nickte Jimmy zufrieden.
„Glück gehabt. Mein Freund Kofi, der hier in Soweto Polizist ist, hat gerade Dienst. Er wartet auf uns und bereitet schon mal alles vor.“ Er sah Jo aufmunternd an. „Und dann wissen wir gleich mehr und kommen hoffentlich bald dahinter, wo Aka ist.“ Er versuchte zu lä-

cheln, bekam allerdings nur eine Grimasse zustande. Jo ging es nicht anders.

Im Polizeirevier wurden sie empfangen wie auf einer Familienfeier. Bevor sie ihr Anliegen vorbringen konnten, musste Jimmy jeden einzelnen Beamten begrüßen. Jo staunte über das große Hallo. Es war, als käme der verlorene Sohn nach Hause. Einer der Beamten schlug Jimmy auf die Schulter und sagte: „Mensch, Jimmy, früher warst du jeden zweiten Tag hier, jetzt haben wir dich seit mehr als zwei Jahren nicht mehr auf dem Revier zu Gesicht bekommen!“ Er fuhr sich mit einer mächtigen Pranke über den kahlen schwarzen Schädel und lachte, dass das ganze Gebäude zu wackeln schien. Ein Bär in Menschengestalt, dachte Jo.
Jimmy lachte ebenfalls, nahm den Bären in den Arm, wobei er fast komplett in dessen Umarmung verschwand, und zog Jo zu sich heran. „Kofi, das ist Jo, der Sohn von Freunden aus Deutschland. Er spielt seit Kurzem bei den Kaizer Chiefs. Jo, das ist Kofi. Kofi hat mich damals, als hier noch ein anderer Wind wehte und ich als Weißer Soweto eigentlich gar nicht betreten durfte, einige Mal aus dem Knast gehen lassen. Illegal, versteht sich.“ Er legte Kofi einen Arm um die Schulter. „Und das habe ich ihm bis heute nicht vergessen“, sagte er, nun wieder ernst.
„Ach komm, hör doch auf mit den alten Kamellen“, sagte Kofi verlegen und räusperte sich. „Also, um was geht es denn jetzt, wovon braucht ihr Fingerabdrücke und vor allem: warum?“ Jimmy nickte Jo auffordernd zu.

Während Kofi den Kanister vorsichtig aus der Tüte zog, schilderte ihm Jo, was passiert war. Kofi schaute nicht von seiner Arbeit hoch und stäubte den Kanister konzentriert ein. Zwischendurch nickte und brummte er zustimmend oder missbilligend, so genau konnte Jo das nicht sagen. Aber egal, was der Bär zu dieser Geschichte sagen würde, es gab nun kein Zurück mehr. Er redete immer schneller, bis Kofi doch einmal aufsah und ihn aufmerksam musterte.
„Eine Pistole? Bist du dir sicher, dass es eine Pistole war?“, fragte er und legte besorgt die Stirn in Falten.
„Hundert Prozent sicher waren wir uns ja in allem nicht, was wir durch dieses dreckige Fenster gesehen haben“, sagte Jo verzweifelt. Er fuhr sich mit der schweißnassen Hand durch die Haare, die da-

durch komisch von seinem Kopf abstanden und ihm einen noch verwirrteren Eindruck verliehen, als das eh schon der Fall war. „Und Aka …" Er stockte. Er konnte dem Polizisten ja schlecht erzählen, dass Aka Angst hatte, zur Polizei zu gehen, weil er fürchtete, dort ungerecht behandelt zu werden.
Der Bär sah ihn gutmütig an. „Ist schon gut, Junge", sagte er und legte Jo beruhigend eine Hand auf die Schulter.
„Naja, auf jeden Fall hatten wir schließlich diese Gang in Verdacht, den Weltpokal gestohlen zu haben, wussten das aber nicht sicher", fuhr Jo fort. „Deswegen kam Aka auf die Idee mit dem Wasserkanister und dass wir damit vielleicht einen Beweis haben würden."
Der Polizist ging zu einem Computer und begann damit, Daten einzugeben. „Ich habe einige gut erkennbare Fingerabdrücke von dem Kanister nehmen können", sagte er und zeigte auf den Bildschirm. „Ist nur die Frage, ob sie von Aka und seiner Familie stammen oder von den Gangstern." Er drückte mehrere Tasten, bis schließlich ein sauberer, großer Fingerabdruck auf dem Bildschirm erschien.
„Guckt mal, das ist der Abdruck, der auf der Kette im FIFA-Büro gefunden wurde", sagte Kofi und grinste schadenfroh. „Ein schöneres Souvenir hätten sie uns wirklich nicht hinterlassen können." Er schüttelte den Kopf.
„Jetzt gleichen wir diesen Fingerabdruck mit denen auf dem Kanister ab, mal sehen, ob der Computer eine Übereinstimmung erkennen kann."
Gebannt starrten alle drei auf den Bildschirm. Jo trat ungeduldig von einem Bein aufs andere. Im Fernsehen ging das alles immer ruckizucki, und hier dauerte es ewig. Wer weiß, was inzwischen mit Aka passierte? Er spürte, wie sich seine Haare im Nacken aufstellten. „Bitte, lieber Gott", betete er leise, „lass Aka nichts passiert sein!"
„Ha!", schrie Kofi so laut, dass Jo entsetzt einen großen Satz zurück machte und einem jungen Beamten in den Weg sprang, der gerade mit drei Bechern Kaffee ins Zimmer gekommen war. „E… Ent… Entschuldigung!", stotterte er und wischte Jo den Kaffee vom Rücken. "Tut mir Leid, ich habe dich gar nicht …"

Er glotzte Jo entsetzt an und sah für einen Schwarzen plötzlich ziemlich blass aus.
„Schon gut, macht ja nichts, war meine Schuld!", sagte Jo, schüttelte

den Beamten und den Kaffee ab und sprang wieder nach vorn, um einen Blick auf den Bildschirm zu werfen.

Kofi hatte sich interessiert in seinem ächzenden Stuhl vorgebeugt. Der Computer hatte eine Übereinstimmung gefunden! Sie hatten also recht gehabt mit ihrem Verdacht! Aufgeregt sah Jo Jimmy an, der ihm grimmig zunickte. Kofi stand auf und sagte zu dem jungen Beamten: „Todd, bitte rufe alle verfügbaren Einsatzkräfte zusammen, Abflug in drei Minuten!"
Er drehte sich zu Jo um. „Das habt ihr wirklich clever gemacht. Nun haben wir eine heiße Spur zu den Weltpokal-Dieben. Hoffen wir nur, dass der Preis, den dein Freund dafür zahlen muss, nicht zu hoch ist."
Jo war, als griff eine kalte Hand nach seiner Kehle. Er konnte gar nicht daran denken, was wäre, wenn Aka etwas zugestoßen sein sollte. Das würde er sich nie verzeihen. Er hätte ihn gestern nicht so gehen lassen dürfen. Sie hätten gleich zur Polizei gehen sollen! Tränen brannten in seinen Augen, die er wütend wegblinzelte. Wäre ja noch schöner, wenn er jetzt auch noch anfangen würde zu flennen! Wer weiß, was Aka gerade durchmachte, da würde es ihm sicherlich nicht helfen, wenn er heulend auf einem Polizeirevier stand.

Kofi rief die anderen Beamten zusammen, die sich draußen an den Einsatzwagen versammelten. Er brüllte eine schnelle Abfolge von Befehlen über die Autodächer hinweg, schloss mit „und unter keinen Umständen Sirenen anmachen, es gibt vielleicht eine Geisel, also Vorsicht!" und schwang sich dann auf den Beifahrersitz zu dem jungen Beamten, was das Auto kurz aus dem Gleichgewicht zu bringen schien. Die Karawane setzte sich schnell und leise in Bewegung. Jimmy und Jo ihrerseits sprangen in Jimmys Auto und rasten hinterher. Nie war Jo eine Fahrt so lang vorgekommen. Endlich hielten sie vor dem Schuppen. Jo riss die Tür auf und wollte aussteigen.
„Nein! Warte, Jo!", sagte Jimmy scharf und hielt ihn am Arm fest. „Wir können hier nicht aussteigen, das ist echt zu gefährlich! Schließ die Tür!"
„Aber ...", begann Jo und verstummte. Natürlich hatte Jimmy recht. Resigniert zog er die Tür zu und starrte durch die Fensterscheibe. Am liebsten wäre er vorausgerannt. Aber das war natürlich lächerlich. Wenn die Gangster in dem Schuppen sein sollten, würden sie

sich bestimmt schlapplachen, wenn ein 13-jähriger Junge hereingestürmt käme, um sie festzunehmen.

Dann hörte er einen Schuss.

Kapitel 20

Aka

Aka öffnete die Augen. War er tot? Der Schuss hallte noch in seinen Ohren. Über sich sah er ein dichtes Geflecht aus Spinnenweben. Den Himmel hatte er sich aber anders vorgestellt. Und er lag noch immer mit dem Rücken auf dem Boden an einen Stuhl gefesselt, so würde er sicherlich nicht beim lieben Gott ankommen.
Ängstlich blickte er nach rechts und sah Adam mit der Pistole in der Hand über Yera stehen, der sich stöhnend auf dem Boden wälzte. Adam starrte entsetzt auf seine Hand, als könnte er selbst nicht glauben, dass er auf seinen Kumpel geschossen hatte, und ließ die Waffe fallen, die polternd auf dem Boden landete. Wie in Trance stolperte er einige Meter zurück und stieß mit einem lauten Krach gegen die Wand, an der er wie ein großer nasser Sack in sich zusammenfiel.
„… keinen unschuldigen Jungen erschießen … kann ich nicht sehen … bin kein Mörder …“, stammelte er kaum hörbar vor sich hin und fing schließlich an zu schluchzen.
Yera würgte. Aka sah einen Blutfleck auf seinem Rücken, der immer größer wurde. Panisch zerrte er an seinen Fesseln. Da öffnete Yera die Augen und sah ihn mit einem irren Lächeln an.
„Na warte, kleiner Mabena, das Spiel ist noch nicht vorüber“, flüsterte er und sammelte alle Kraft, um nach der neben ihm liegenden Waffe zu greifen. Schweißperlen standen auf seiner Stirn, seine Augen flackerten fiebrig.
Aka wollte durch den Knebel hindurch schreien, aber es kam nur ein dumpfes Wimmern dabei heraus. Yera hatte die Pistole fast erreicht. Mit aller Kraft wackelte Aka hin und her und versuchte, den Stuhl auf die Seite zu wuchten. Vielleicht könnte er auf der Seite liegend seine Hände aus den Schlingen ziehen, die momentan unter dem Stuhl eingeklemmt waren? Mit einer letzten Anstrengung brachte er den Stuhl tatsächlich zum Kippen. Nun lag er fast Nase an Nase mit Yera, der furchterregend röchelte, als er die Hand nach der Waffe ausstreckte. Aka roch seinen Atem, der nach Blut und Erbrochenem stank. Yera nahm die Pistole in die Hand und hieb damit auf Akas Kopf.
„Ich weiß, ihr seid alle hinter dem Pokal her, aber wenn ich ihn nicht haben darf, soll ihn niemand haben!“ Das Grinsen verzog sich zu

einer Maske grenzenlosen Zorns, als er die Pistole statt auf Aka auf Adam richtete und abdrückte. Adam sackte noch weiter in sich zusammen, gab aber keinen Laut von sich. Aka schloss entsetzt die Augen und fühlte Blut über seine Stirn laufen. Ob Adam tot war? Nur gut, dass Yera inzwischen schon so geschwächt war, dass er ihn mit diesem Hieb nicht k.o. geschlagen hatte. Aber was würde er jetzt tun?
Yera wandte sich wieder Aka zu. „Wer mich hintergeht, muss dafür bezahlen“, röchelte er und versuchte, sein grässliches Lachen anzustimmen, was jedoch von einem ekelerregenden Husten erstickt wurde. Aka beobachtete ihn genau. Nicht mehr lange, und er würde seine Hände hinter seinem Rücken aus der Schlaufe ziehen können. Dann müsste er nur noch einen richtigen Moment erwischen. Wenn es den für ihn noch gab. Er spürte sein Herz bis in den Hals klopfen und schloss die Augen, um sich auf seine Hände und das Seil zu konzentrieren.
„Es war so ein genialer Plan“, sagte Yera und hustete wieder. „Aber ich habe den großen Fehler gemacht, mich auf andere zu verlassen. Ein verdammt großer Fehler.“ Er schloss kurz die Augen und legte die Hand mit der Waffe erschöpft vor sich ab. Das war Akas Chance. Langsam, um keine Geräusche zu verursachen, nahm er die Arme hinter seinem Rücken hervor. Der Stuhl knarrte leise. Verdammt! Aka starrte Yera an, der aber noch immer mit geschlossenen Augen am Boden lag. Akas Hand schwebte über der von Yera mit der Waffe.

Da öffnete Yera die Augen. Ungläubig starrte er Aka an. Jetzt oder nie. Aka griff mit einer Hand nach der Waffe, mit der anderen versuchte er, Yeras eisernen Griff zu lockern. Trotz seiner schweren Verletzung hatte Yera noch erstaunlich viel Kraft und versuchte alles, um die Waffe wieder in seine Gewalt zu bringen. Inzwischen hatte sich das Seil um Akas Stuhl so weit gelockert, dass auch seine Beine frei waren. Mit voller Wucht trat er zu und erwischte Yera am Oberschenkel, wodurch der das Gleichgewicht verlor, nach vorn über kippte und die Waffe losließ. Zitternd setzte Aka sich auf und richtete die Pistole auf Yera, der ihn kalt ansah und mit den Armen hinter seinem Rücken ruderte. „Du traust dich ja doch nicht!“, sagte er grinsend und zog hinter seinem Rücken die zweite Waffe hervor.

Aka schoss.

Kapitel 21

Aka und Jo

Nach dem zweiten Schuss gab es für Jo kein Halten mehr. Er ignorierte Jimmys Gebrüll und rannte zum Schuppen. Die Polizisten hatten gerade die Tür aufgetreten und stürmten den Raum. Jo blieb an der Tür stehen. Er sah drei Gestalten am Boden liegen und konnte ein Schluchzen nicht unterdrücken. Waren sie doch zu spät gekommen? Er lief in den Raum. Ohne sich dessen bewusst zu sein, schrie er Akas Namen und stürzte auf den kleinsten der reglosen Körper zu.
„Nein, Aka, nein, das darf nicht sein, Aka, nein!“, stammelte Jo und legte seine Hand auf Akas blutende Stirn. „Nein, du darfst nicht tot sein!“, flüsterte er.

Da öffnete Aka die Augen. Als er Jo sah, verzog sich sein Gesicht langsam zu einem Grinsen von einem Ohr zum anderen.
„Tot? Mann, red‘ keinen Quatsch! Wir wollen doch noch viele Spiele zusammen gewinnen!“, sagte er und richtete sich mühsam auf.
Jo schlug die Hände vors Gesicht und weinte und lachte zugleich.
„Aka, du Teufelskerl!“, schrie er und schloss seinen Freund in die Arme, der bei dem Druck schmerzhaft zusammenzuckte.
„Aua!“, protestierte Aka. „Pass auf, wo du mich drückst, ich bin matschig wie ein Fußball nach dem Elfmeterschießen!“

Aka, Jo und Jimmy lehnten an Jimmys Auto, als die Sanitäter Yera und Adam auf zwei Tragen heraustrugen. Beide waren in einem ernsten, aber nicht lebensbedrohlichen Zustand, wie der inzwischen herbeigerufene Arzt ihnen bereits bestätigt hatte. Akas Schuss auf Yera hatte diesen lediglich leicht an der Schulter getroffen, so sehr hatten Akas Hände gezittert. Aber es hatte glücklicherweise gereicht, um Yera außer Gefecht zu setzen.
„Ich hätte ihn wirklich erschossen!“, sagte Aka, mehr zu sich selbst, als er zusah, wie die beiden Gangster in die Krankenwagen verfrachtet wurden. „Ich hätte nie gedacht, dass ich dazu in der Lage sein würde.“ Seine Stimme war noch immer brüchig und er zitterte am ganzen Leib.
„Darum mach dir mal keine Sorgen“, sagte Jimmy ruhig und legte einen Arm um Aka. „In einer solchen Situation ist man zu Dingen fähig, die man sonst niemals tun könnte.“ Aka sah ihn dankbar an

und nickte nachdenklich.
„Und das ist auch gut so“, sagte Jo. „Denn sonst hätte er dich erschossen. Und ER hätte bestimmt getroffen!“
Sie schwiegen eine Weile und sahen den abfahrenden Autos nach. Als nur noch ein Wagen da stand, kam Kofi zu ihnen herüber.
„Gut, dass euch nichts Ernstes passiert ist“, sagte er und reichte Aka und Jo die Hand. „Das ist das Wichtigste.“ Er sah Aka besorgt an und seufzte erleichtert. „Und dass wir den Weltpokal jetzt doch nicht gefunden haben, ist ja auch nur halb so wild, wenn man sich überlegt, was euch hätte passieren können!“
„Ach Mensch! Ich Hirni! Der Pokal!“, rief Aka und wollte hektisch aufspringen, verzog jedoch mitten in der Bewegung schmerzhaft das Gesicht und stieß sich langsam vom Auto ab. „Ich glaube, ich weiß, wo er ist!“, sagte er und guckte sie triumphierend an.
„Was? Woher das denn?“, fragte Kofi verblüfft.
„Kommt mit!“ Aka humpelte voran Richtung Schuppen. Über die Aufregung hatte er den Weltpokal völlig vergessen. Dabei war er es doch, der ihn erst in diese Lage gebracht hatte! Inzwischen hatte er eine Ahnung, wo sie ihn finden könnten.
Gemeinsam gingen sie zurück in den Schuppen, wo Polizeibeamte noch mit der Spurensicherung beschäftigt waren. Aka ging zielstrebig auf eine Ecke zu.
„Hier!“, rief er aufgeregt und zeigte auf die große Kiste in der Ecke. „Darunter ist ein unterirdisches Versteck, in dem auch die Waffen gelegen hatten. Ich wette, der Pokal ist auch dort drin!“
Jimmy und Kofi schoben die schwere Kiste beiseite und öffneten die Bodenluke. Kofi blickte nach unten und streckte seinen Arm nach Jo aus.
„Jo, geh du bitte, ich kann mich da unten ja nicht einmal umdrehen, das ist zu eng für mich!“
Jo stieg die Treppe hinunter und blieb gebückt stehen. Die Outsiders hatten den Raum wohl als Versteck für ihr Diebesgut genutzt: Fernseher, Radios, Computer und andere elektronische Dinge waren kreuz und quer in dem flachen Raum verteilt. Erstaunt sah er sich um. Da entdeckte er in einer Ecke ein sorgsam in Tücher eingewickeltes Paket.
„Und, was ist? Hast du den Pokal gefunden?“, fragte Aka ungeduldig von oben.

„Moment, ich glaube, ich habe hier etwas!“, rief Jo zurück und nahm das Paket an sich. Er reichte es durch die Luke nach oben und kletterte wieder hinauf. Kofi wickelte vorsichtig die Tücher auseinander. In seinen Händen hielt er den Weltpokal.

Am nächsten Tag beim Training mussten Aka und Jo immer und immer wieder die Geschichte erzählen, wie sie erst die Outsiders belauscht hatten, Aka von den Gangstern gekidnappt worden war und Jo und Jimmy ihn schließlich retteten. Akas dicker Verband um den Kopf trug dabei wirkungsvoll zur Dramatik der Geschichte bei.
„Alter, ich glaub‘ das überhaupt nicht, wie verrückt seid ihr denn eigentlich drauf?“, schrie Mandla und hüpfte um die beiden herum. „Ich hätte mich schnellstmöglich vom Acker gemacht, wenn ich es mit solchen Jungs zu tun bekomme, das könnt ihr aber glauben!“
„Du Weichei“, sagte Tau verächtlich zu Mandla. „Wenn man schon so was mit anhört, muss man auch was tun!“
„Aber am besten wäre es wohl gewesen, gleich die Polizei zu rufen“, sagte Kafil vernünftig und blickte weise in die Runde.
Jimmy nickte zustimmend, aber Malaika zog missbilligend die Nase kraus. „Oh Mann, das wäre doch wohl voll langweilig gewesen! Dann könnten wir die beiden jetzt nicht als unsere Helden feiern!“, sagte sie, klatschte in die Hände und strahlte Aka und Jo an, von denen einer sichtbar rot wurde. Alle anderen fielen ein und klatschten und johlten wild durcheinander.

Da betraten zwei gut gekleidete Männer das Stadion.
„He, guckt mal, was wollen denn die Fracktypen hier?“, rief Mandla und zeigte auf den Eingang.
Jimmy sprang auf und grinste Aka und Jo an wie die Katze, die den Wellensittich gefressen hat. Er ging den beiden Männern entgegen.
Aka stieß Jo an. Wer war das? Und was wollten diese Typen?
Jo zuckte mit den Schultern. Er hatte keine Ahnung.
Jimmy reichte den beiden Männern herzlich die Hand und führte sie zu den Spielern, die nun alle mucksmäuschenstill waren, gespannt, was passieren würde. Er machte Aka und Jo ein Zeichen, aufzustehen.
Einer der Männer ergriff das Wort: „Guten Tag. Mein Name ist Joseph Blatter. Ich bin der Präsident des Weltfußballverbandes FIFA.

Und dies ist Kirsten Nematandani, Präsident des Südafrikanischen Fußballverbandes SAFA.“
Jo bekam den Mund nicht mehr zu. Träumte er, oder war er wach? Joseph Blatter hier im Orlando Stadion in Soweto? Er sah zu Aka rüber, der einen genauso dämlichen Gesichtsausdruck drauf hatte.
„Wir sind heute zu euch gekommen, um zwei Spielern eurer Mannschaft, nämlich Aka Mabena und Johannes Wolff, für ganz besondere Dienste zu danken. Dienste, die in diesem Fall nicht auf dem Fußballplatz stattgefunden haben. Für mich ist es heute eine ganz besondere Ehre, diesen selbstlosen Einsatz zweier so junger Menschen zu würdigen, die für den internationalen Fußball eine Menge riskiert haben.“ Er sah zu Kirsten Nematandani herüber und nickte ihm zu, dass er das Wort übernehmen möge.
Aka und Jo rückten näher zusammen und wussten nicht recht, ob ihnen das Ganze schrecklich peinlich sein oder sie sich riesig freuen sollten.
Nematandani lächelte sie an. „Auch im Namen des Südafrikanischen Fußballverbandes möchte ich euch meinen herzlichen Dank aussprechen. Ich glaube, ich muss hier nicht betonen, wie wichtig diese Fußball-WM für unser Land ist. Der Diebstahl des Weltpokals war ein Drama, das dank eurer Hilfe ein gutes Ende genommen hat. Ich möchte mir gar nicht ausmalen, was es für negative Auswirkungen auf das Ansehen unseres Landes und das unseres Verbandes in der Welt gehabt hätte, wenn der Pokal nicht pünktlich zu Beginn der Weltmeisterschaft wieder da gewesen wäre. Denn: Was ist eine WM-Eröffnungsfeier ohne den Weltpokal, für den dieses ganze Turnier stattfindet?“ Er holte tief Luft und sah Aka und Jo dankbar an, die sich mittlerweile einer hinter dem anderen zu verstecken versuchten. Das war dann doch zu viel der Beweihräucherung.
„Aus diesem Grund möchten wir euch beide fragen, ob ihr als die Retter des Weltpokals diesen zur Eröffnungsfeier auf den Rasen des Soccer City Stadions tragen würdet, um ihn dem Publikum und den teilnehmenden Mannschaften zu präsentieren.“ Er sah Aka und Jo fragend an.

Niemand sagte ein Wort. Aka und Jo starrten sich fassungslos an, dann Jimmy, der noch immer breit grinste, dann in die Runde ihrer Mitspieler, schließlich zu den beiden Verbandspräsidenten. Aka fand

als Erstes die Sprache wieder, wenn auch nicht die Worte. Er gab einen Urschrei von sich, fiel Jo um den Hals und tanzte mit ihm im Kreis, bis sie beide das Gleichgewicht verloren und quer übereinander fielen. Ihre Mitspieler waren nun ebenfalls aus ihrer Starre aufgewacht und warfen sich einer nach dem anderen auf sie. Das Gejohle und Gekreische war ohrenbetäubend.
Außer Atem und zerzaust standen Aka und Jo ein paar Minuten später wieder vor den Verbandspräsidenten und fanden ihre Manieren wieder.
„Das ist einfach großartig!“, jubelte Jo, „es wäre uns eine große Ehre! Oder, Aka?“ Er sah Aka an, der vergebens versuchte, seinen verrutschten Verband gerade zu rücken, um einen würdevollen Eindruck zu machen.
Er legte die Hand auf sein Herz. „Ja, Sir, so ist es. Es ist mir eine Ehre, die ich mein Leben lang nicht vergessen werde.“ Ernst sah er die beiden Männer an, wobei seine Augen mit seinen Wangen um die Wette strahlten.

Joseph Blatter ging auf sie zu. „Vielen Dank im Namen aller Fußballfreunde auf der ganzen Welt. Ihr beide habt mit eurem selbstlosen Einsatz dazu beigetragen, dass dem Erfolg dieser Fußball-Weltmeisterschaft nun nichts mehr im Wege steht.“ Er gab beiden die Hand und schüttelte sie lang und fest.
„Aber ihr sollt ja bei dem Eröffnungsspiel nicht nur arbeiten und den Pokal auf den Rasen tragen“, sagte er augenzwinkernd. „Anschließend dürft ihr euch natürlich das Spiel von der Ehrentribüne aus ansehen.“ Aka ergriff Jos Arm und drückte fest zu, um nicht zu platzen. Das konnte doch nur ein Traum sein, er würde wirklich im Soccer City Stadion das Eröffnungsspiel seiner *Bafana, Bafana* mit ansehen! Jo kniff ihn zurück und strahlte ebenfalls wie ein Honigkuchenpferd.
„Natürlich sind auch die Sponsoren dieser Fußball-WM sehr glücklich über den guten Ausgang dieser Misere und möchten euch ihren Dank aussprechen“, fuhr Joseph Blatter fort. Er zog zwei Umschläge aus dem Innenfutter seines Jacketts und reichte jedem von ihnen einen.
„Ihr beide seid als Ehrengäste zur Fußball-WM 2014 eingeladen. In diesen Umschlägen befinden sich schon einmal die Flugtickets nach Rio de Janeiro.“

„Rio was?“, fragte Tau verständnislos und guckte fragend in die Runde. Niemand antwortete.

Drei Tage später saßen Aka und Jo in der ersten Reihe des Soccer City Stadions und rutschten aufgeregt hin und her. Den aufreibenden Teil des Stadionbesuchs hatten sie bereits gut hinter sich gebracht. Zwar wäre Jo fast ausgerutscht, als sie den Weltpokal auf den Platz trugen, hatte sich aber glücklicherweise noch fangen können. Bei der Vorstellung, er hätte den Pokal fallengelassen, wurde ihm noch immer heiß und kalt.

Aka hatte beim Schütteln der vielen Hände einige Namen durcheinander gebracht, aber das hatte wahrscheinlich gar keiner gemerkt. Nur Siphiwe Tshabalala, seinen Held der südafrikanischen Nationalelf, hätte er richtig ansprechen können, hatte aber vor Ehrfurcht kein Wort herausgebracht, sondern seine Hand so lange festgehalten, bis Tshabalala sie ihm grinsend entzogen hatte.
Nach einer Dankesrede auf die beiden „Helden von Soweto“, wie sie genannt wurden, hatten sie den Platz verlassen dürfen und waren nun froh, in Ruhe auf ihren VIP-Plätzen zu sitzen und das Spiel genießen zu können. Soweit man von „Ruhe“ sprechen konnte. Im Stadion herrschte ein unbeschreiblicher Lärm, der immer dann anschwoll, wenn eine der beiden Mannschaften auf das gegnerische Tor zustürmte.

„Laduma!“, schrie Aka, „Tooor!“, schrie Jo, als der erste Ball im Netz landete.